胡燕欣—著

圖解西洋史

Western History

讀歷史讓您昏昏欲睡嗎？
閱讀文字歷史的時代已經過去了，
從今天起，請翻開本書，
讓600幅名畫帶您輕輕鬆鬆的「觀賞歷史」。
原來，歷史是可以圖解的！

國家圖書館出版品預行編目（CIP）資料

圖解西洋史 / 胡燕欣著. -- 三版. -- 臺北市：信實文化行銷, 2013.10
面；　公分. -- (What's aesthetics ; 2)
ISBN：978-986-5767-01-3（平裝）

1. 西洋史　2. 繪畫

740.1　　　　　　　　　　　　　　　102016986

What's Aesthetics 002
圖解西洋史

作者　　　胡燕欣
總編輯　　許汝紘
副總編輯　楊文玄
美術編輯　楊詠棠
行銷經理　吳京霖
發行　　　楊伯江
出版　　　信實文化行銷有限公司
地址　　　台北市大安區忠孝東路四段 341 號 11 樓之三
電話　　　（02）2740-3939
傳真　　　（02）2777-1413
www.wretch.cc/ blog/ cultuspeak
http://www. cultuspeak.com.tw
E-Mail　cultuspeak@cultuspeak.com.tw
劃撥帳號　50040687 信實文化行銷有限公司

印刷　　　彩之坊科技股份有限公司
地址　　　新北市中和區中山路二段 323 號
電話　　　（02）2243-3233

總經銷　　高見文化行銷股份有限公司
地址　　　新北市樹林區佳園路二段 70-1 號
電話　　　（02）2668-9005

2013 年 10 月 三版
定價　新台幣 420 元

更多書籍介紹、活動訊息，請上網輸入關鍵字　華滋出版　搜尋　或　九韵文化　搜尋

序言

　　老實講 為這本書作序 我曾經為難過 一則我曾為燕欣的 畫説
世界戰爭史 第二版寫過序 擔心他難以突破自己以往達到的高度 二
則怕在魚龍混雜的眾多歷史圖文書中難以脱離窠臼 然而 接過本書
疑慮頓消 雖然閱讀時難免有似曾相識的感覺 但是更多的還是欣喜
的感覺 説它似曾相識 是因為他執著地堅持了他在 讀圖時代 中以
視覺形象打動讀者的出版審美追求 而欣喜 則來自於看到歷史竟然
可以如此藝術化地表現後的全新感受

　　在一般觀念中 歷史是理性的 與藝術沾不上邊 而這本書竟然全
部用歷史上的名畫來講述歷史 歷史一下子具像了 更有現場感了 變
得可以觸摸了 書中精選了近600幅精美的繪畫名作 許多作品是國
內第一次發表的 有些作品雖然發表過 但大多數人對於畫的時代背
景瞭解很少 而編著者用了很大心血去考證研究 用藝術的畫作展示
了人類歷史絢麗畫卷 通過另一個角度解讀世界歷史 使讀者在美妙
的藝術之旅中瞭解到世界歷史的發展軌跡 在瞭解世界歷史的同時
受到藝術的薰陶 歷史與藝術的結合 使本書呈現出宏偉壯觀 動人心
弦的美感 當然 要做到這一點 需要較全面深厚的知識背景和新的出
版理念 燕欣在這方面作了很有益的嘗試 雖然尚有值得推敲之處 但
是從整體而論 對於不同年齡 不同教育層次的讀者來説 它都是一本
值得推薦的好書

諸 迪

著名文藝理論家
中央美術學院教務處處長
中央美術學院城市設計學院院長

CONTENTS 目錄

變革的腳步
西元17世紀——第一次世界大戰前

文明的曙光

西元前4500年──西元前7世紀

* 西元前4500年，埃及進入新石器和銅石並用時代，史稱巴達里（Badarian）文化時期。
* 西元前4300年，兩河流域進入銅石並用時代，史稱烏拜德（Ubaid）文化時期。
* 西元前3600年，埃及進入父系時期。
* 西元前3500年，埃及出現最初的奴隸制國家。
* 兩河流域原始公社制度解體，出現一系列蘇美城市國家，史稱烏魯克（Uruk）文化時期。

青銅時代

　　「我們從哪裡來？要到哪裡去？」這兩個問題始終困擾著身為萬物之靈的人類。對於後一個問題，以人類目前的智力水準，實在難以做出回答；而對於前一個，以我們目前掌握的考古證據和達到的科技水準，則可以大致做出一個判斷。

　　在浩瀚的銀河系裡，地球實在是一顆小小的行星，猶如滄海一粟。她大約形成於45億年前；在30億年前，地球上出現了最早的生命。哺乳類動物在地球生物界居於統治地位已達6000萬年之久，人類是地球上最晚出現的哺乳動物，比其他哺乳動物更聰明，更有力量；據科學家們證明，人類的原祖大約出現在300萬年前。約在50萬年前，人類的直系祖先——直立人出現了。他們的大腦比前輩大了一倍，但只是現代人的三分之二。我們應該感謝他們，因為我們身上的許多本能和技能皆源自於他們。漸漸地，他們學會了打造簡單的石頭工具，發展了系統化的語言，學會了人工取火……。

[↑圖為法國19世紀著名雕塑家羅丹（Auguste Rodin）的作品《青銅時代》。]

　　五、六千年前，在世界各地的人類陸續進入了青銅器時代，文明的曙光開始照耀在我們祖先的面前。世界上最早進入

文明社會的地區有美索不達米亞平原上的兩河流域、尼羅河流域、印度河流域、克里特島和中國。

青銅是銅、錫的合金。以現在的技術標準來看，當時對青銅的冶煉是很簡陋的，但它卻是人類冶煉出的第一種金屬，把它煉出來是非常了不起的成就。那時候的人們通常把它製成武器和工具；當然，我們聰明的祖先有時也把它製成裝飾品。

亞當之子該隱在流浪途中

當然，世界上有許多人並不認為人類是由生命一點一滴進化而產生。例如，基督教就相信人類是由上帝——耶和華創造的。根據《聖經》〈創世紀〉第二、三章記載：耶和華創造了人類的始祖——亞當和夏娃，讓他和她住在美麗的伊甸園，過著無憂無慮的日子。魔鬼化身成一條蛇，引誘了夏娃和亞當，讓兩人偷嚐了能使人分辨善惡的禁果。上帝為此很生氣，詛咒女人，讓她身受分娩的痛苦和丈夫的管制；又詛咒男人，令他終身奔波勞苦而且不免於死亡。兩人被上帝逐出伊甸園後，人類歷史由此開始。亞當和夏娃後來接連生兒育女，眾子中有該隱、亞伯和塞特。

為了向上帝爭獻貢物，種田的該隱殺死了牧羊的亞伯，上帝震怒，懲罰了他，將他從自己的土地上趕走。

↓圖為被上帝懲罰而流離漂泊的該隱一族人。它實際上是對早期人類生存條件艱辛的真實寫照。

* 西元前3100年，上埃及國王美尼斯（Menes）征服了下埃及，將埃及統一。
* 西元前3100年，兩河流域進入國家形成時期。
* 西元前3000年，愛琴海地區與西西里地區分別進入銅石並用時代。阿卡德人（Akkadian）開始進入兩河流域。
* 西元前2900年，巴勒斯坦地區進入早期青銅時代，腓尼基人（Phoenicia）於此過著定居的農耕生活。
* 西元前2700年，蘇美奴隸制城邦進入鼎盛時代。
* 西元前2686年，埃及的政治、經濟和文化進入一個新的時代，各朝法老大肆興建金字塔。

尼羅河流域與埃及文明

　　古埃及是個狹長的國家，它沿尼羅河流域延伸，兩側是沙漠。因為尼羅河兩岸的土地非常適合耕種，尼羅河邊漸漸出現了村莊。每年春天，埃及南部大山上的雪融化後流入尼羅河；到了6月，尼羅河水氾濫，幾個月後，水位下降，留下肥沃的土地，漸漸地，尼羅河流域的農莊聯合起來組成更大的社區。到西元前約3100年，出現了兩個獨立的王國，分別叫做下埃及和上埃及。這兩個王國打了一仗，上埃及的美尼斯國王贏得了勝利，把下埃及和上埃及統一為一個國家，美尼斯國王為這個新的統一國家建了一座都城——孟斐斯。

> →埃及人與他們創造的象形文字，象形文字是埃及高度文明的標誌。

↑ 在風景秀麗的尼羅河岸遠眺莊嚴肅穆的金字塔。

金字塔

　　古代的埃及人建造了巨大的金字塔，作為他們最高統治者——法老的墳墓。金字塔工程量非常巨大，內部結構非常複雜，建造它，需要非常高的智慧和建造水準，即使用現在的技術來修建起來也非常困難。關於金字塔，還流傳著許多神奇的傳說。現在，埃及仍存有約80座金字塔。其中，古夫金字塔（The Pyramid of Khufu）是有史以來最大的用石頭建成的建築物。它高147公尺，相當於50多層的大樓，更令人驚奇的是，它竟然是由200多萬塊石頭組成。

—* 西元前2600年，愛琴海地區進入青銅時代。

—* 西元前26～前24世紀，蘇美人的兩個城邦為爭奪土地、水源先後進行了4次戰爭。

—* 西元前2371年，阿卡德人統一兩河流域南部，建立了阿卡德帝國。

—* 西元前2315年，阿卡德國王里姆什（Rimush）即位，其後開始鎮壓蘇美各地不斷爆發的起義。

—* 西元前2300年，印度河文明大約在此時形成，史稱為哈拉帕（Harappa）文明。

戰爭的產生

　　隨著人口的增多、部落的擴大，便需要擴大生存、採集、狩獵地域。部落與部落之間為了爭奪土地、河流、森林和擴展生存地域，開始發生了武力衝突，從而演變成原始狀態的戰爭。

↑ 原始社會的戰爭。

漢摩拉比

　　大約在西元前1792年前後，一個叫漢摩拉比（Hammurabi）的年輕人成為巴比倫的國王，在征服了整個蘇美和阿卡德後，建立了一個強大的國家。他為世人所留下著名的《漢摩拉比法典》，是目前已知的人類最早的一部法律。漢摩拉比死後，他的強大王國逐漸衰弱，最後在西元前1595年被西臺人（Hittite）消滅。

[←一尊金制西臺
國王塑像。]

克里特文明

　　在這幅未完成的作品裡，藝術家描
繪了西元前3000年前克里特人的克諾索
斯（Knossos）王宮裡的一幕。克里特
人把愛琴海變成一個貿易繁忙的商業中
心，並創造了高度的物質和精神文明。

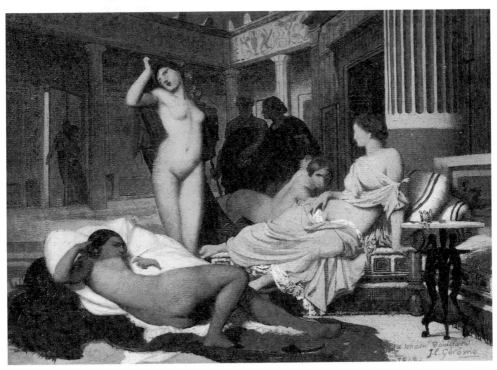

* 西元前2300年，阿卡德國王薩爾貢征服了蘇美。
* 西元前2230年，庫提人滅掉阿卡德王國。
* 西元前2040年，埃及重新統一。
* 西元前2000年，希臘克里特進入青銅時代，逐漸形成克里特奴隸制國家。義大利進入青銅時代。
* 西元前1894年，古巴倫王國建立。在此後的300年裡，政治、經濟和文化都有較迅速的發展。
* 西元前1792年，巴比倫王漢摩拉比頒布了歷史上著名的《漢摩拉比法典》。

古埃及人的信仰

　　古埃及人敬奉許多神，這些神大多與某種動物聯古埃及人敬奉許多神，這些神大多與某種動物聯繫在一起。埃及人在尼羅河兩岸建造了許多神廟，這些神廟裡的神由專職的祭司侍奉，人們在平時通常不去廟裡，只有在特定節日，廟裡的神像被抬出來繞城一周時，人們才能見到神像。

　　在這幅畫裡表現的是在死人的統治者奧西里斯（Osiris）的節日裡，慶祝隊伍離開神廟遊行的情景，走在前面的是男女祭司，神龕裡供奉的就是死人的統治者奧西里斯。

埃及偉大的圖特摩斯法老

埃及法老往往是作戰技藝嫻熟的戰士，他們當中最偉大的當數圖特摩斯（Tuthmosis）。他約生存於西元前15世紀中前期，不僅騎馬射箭技巧高明，而且善於帶兵打仗，戰績卓著。在北方，他曾親自率領軍隊打敗了敘利亞的反埃及同盟；他還向東北遠征到兩河流域，攻打當時強大

的米坦尼王國（Mitanni）。他的軍隊驅使牛車拉著浮橋在渡過幼發拉底河後，戰鬥開始，結果米坦尼國王棄陣而逃。在南方，他開疆拓土，將埃及的標誌——阿蒙神廟（Temple of Amun）建在新征服的地區，並在新征服的岡比亞開採金礦。在他統治時期，埃及的威望達到了前所未有的高峰，許多國家向他朝貢和臣服。

阿卡德國王薩爾貢

西元前2300年，阿卡德國王薩爾貢（Sargon）來自蘇美北部。他武藝高強，而且還控制著一支強大的軍隊。經過征戰，他征服了整個蘇美和阿卡德，並且締造了世界上第一個王國——阿卡德王國，它持續了200年，直到被一個庫提人（Guti）的部落所滅亡。

—* 西元前1640年，哈圖西里斯一世（Hattusilis I）征服小亞細亞東部，創立西臺帝國。

—* 西元前1595年，在西臺人的攻擊下，巴比倫第一王朝覆滅。

—* 西元前1504年，埃及法老圖特摩斯三世（Tuthmosis III）即位，在其統治期間，埃及發展成為地跨北非、西亞的奴隸制大帝國。

猶太人逃出埃及

在西元前1500年左右，猶太人定居於現在的巴勒斯坦地區，其中一部分移居埃及，過著游牧的生活。但是後來他們忍受不了法老的暴政，在西元前1250年左右逃出了埃及。《舊約全書》對於猶太人逃出埃及作了詳盡的描述。據《聖經》上說，猶太人在埃及遭受到奴隸一樣的對待。這時出現了摩西，率領他們開始出逃，這就是著名的「出埃及記」。在經歷了充滿奇蹟和苦難的長途跋涉之後，他們終於到達了原來的聚居地——迦南。西元前1000年左右，希伯來人建立了王國，在大衛王和他的兒子所羅門的統治時期十分繁榮，是猶太人歷史上的黃金時期。這幅畫表現的是以色列人在埃及備受奴役的情景。

↑ 早期希臘人享受
難得的安逸時光。

早期的希臘人

　　西元前1600年，現代希臘的周圍地區曾存在著若干個小王國，它們有著很高的文明水準。其中一個最重要的國家叫邁錫尼（Mycenae），所以，這段時期的希臘人通常被稱為邁錫尼人，這個地區的文明叫做邁錫尼文明。到了西元前1200年左右，由於戰爭影響和外敵入侵，邁錫尼文明漸漸消失在歷史的地平線下。邁錫尼文明滅亡後，早期的希臘人幾乎把所有的精力都投入到農業生產勞動，很多的技藝都失傳了，而且生活非常艱苦。

* 西元前1375年，巴比倫卡賽（Kassite）王朝布爾那不里亞什二世（Burna-Buriash II）即位，卡賽巴比倫進入全盛時期。
* 西元前1365年，亞述烏巴列一世（Ashur-Uballit I）即位，亞述迅速成為一個軍事大帝國。
* 西元前1304年，埃及法老拉美西斯二世（Ramesses II）即位，在其統治期間，埃及與西臺帝國進行了長期的爭霸戰爭。
* 西元前1299年，埃及與西臺帝國在卡迭石城（Kadash）外展開激戰。

猶太人的英雄——摩西

在猶太人的傳說中，摩西是他們的民族英雄，據說，他的母親為了讓他逃脫埃及法老對猶太嬰兒的屠殺，將他放入尼羅河，碰巧讓法老的女兒遇到。

[↓這幅畫表現的就是法老女兒撿到摩西後興高采烈回宮時的情景。]

→帶猶太人逃出埃及的英雄摩西，他右手下面的石板上刻著著名的《十戒》。這幅雕塑作品是文藝復興時期著名雕塑家米開朗基羅的作品。

大衛王

西元前1012年，大衛統一以色列和猶太兩王國，定都耶路撒冷，國力達到鼎盛。在其子所羅門統治時期（西元前972年～西元前932年），建成了耶路撒冷第一聖殿。

[←年輕的大衛手裡拿著一把彈弓，正要將它射向巨人哥利亞（Goliath）的頭顱。]

* 西元前1298年，埃及和西臺激戰於卡迭石，埃及戰敗。
* 西元前13世紀中葉，希臘聯軍遠征小亞細亞的特洛伊城（Troy），圍城10年不下，後以「木馬計」終於成功攻陷。

示巴女王對所羅門王的禮敬

　　以色列國在大衛的兒子所羅門王的領導下逐漸富足起來，他的鄰居，一位富有的示巴（Sheba）國女王也帶著禮物來到他新建的宮殿覲見他，以表示對他的敬意。

↑在這幅畫中，畫家把人類擠壓成矮小的侏儒，藉以諷刺人類的貪心與妄想。其實，這個神話有其現實的依據。西元前21世紀前後，蘇美阿卡德人在兩河流域修建了不少巨型的金字塔，它們就是巴別塔（Tower of Babel）的原型。

巴別塔

　　據《聖經》記載，人類曾經做了讓上帝耶和華十分不快的事情。他們在巴比倫決定建造一座極高的塔，作為各個部族集結的地點。但是耶和華不願看到人類建造這座通天塔，而希望他們住到世界各地。所以，人類在工地上忙得不亦樂乎的時候，耶和華突然讓他們講起不同的語言。人們都忘了原來語言，說著別人聽不懂的話。因此，人類這個宏偉的工程只得半途而廢。

* 西元前1286年，西臺人擊退了埃及人對敘利亞的猛攻。
* 西元前1245年，亞述進攻小亞細亞，同時洗劫了巴比倫神廟。

法老

在古埃及，「法老」的意思是大房子，原來指埃及王宮，後來演化成埃及國王的同義詞，現在則指埃及的所有國王。埃及人把法老看成是在地上統治的神，法老的意志至高無上，他的命令不可抗拒，必須遵從。

[↑ 年輕的埃及法老和他死去的幼子。]

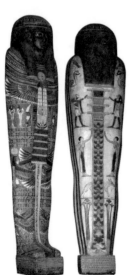

木乃伊

在古埃及人的觀念裡，人死了只意味著他到另一個世界繼續生活，因此要千方百計地保持自己身體的完整。那些保存完好的乾屍稱為木乃伊。裝盛木乃伊的木盒在後來變得越來越精緻，它是由兩、三個人型棺木組成，這些棺木通常裝飾有色彩鮮豔的圖案。

[←裝在木盒裡的木乃伊。]

←19世紀的科學家正在研究被發現的木乃伊。在被發現的法老陵墓中，最著名的要數圖坦卡門（Tutankhamen）陵，他是唯一倖免於被盜的法老陵墓。

↓一對古埃及青年夫婦在失去幼子後悲痛欲絕的情景，他們之間放著裝盛幼子木乃伊的木盒，木盒外面描繪著精美的圖案。

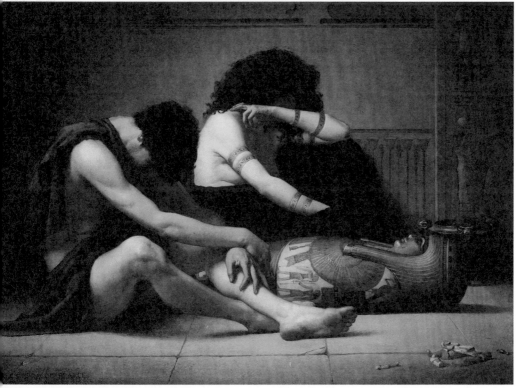

- ✳ 西元前1230年，因遭到「海上民族」的侵襲，西臺帝國滅亡。
- ✳ 西元前1225年，亞述攻占巴比倫。
- ✳ 西元前1200年，希臘被多利安人（Dorian）侵占，邁錫尼文明結束。第二批印歐部落進入義大利。
  印歐語系的雅利安人（Aryan）由西北侵入印度，並逐漸定居下來。
- ✳ 西元前1100年，希臘進入荷馬時代，出現鐵器，氏族制度逐漸解體。
- ✳ 西元前1085年，埃及進入後期王朝時期，又呈現分裂局面。

特洛伊木馬

↑在這幅畫裡表現的是特洛伊居民正將木馬移進特洛伊城的情景。

　　西元前1250年左右，希臘軍隊久攻特洛伊城而不下，便想出了一條妙計。一天，他們把一匹巨大的木馬留在特洛伊城外，並假裝乘船而去。特洛伊人以為木馬會給他們帶來好運，就把木馬拉進城裡。當天晚上，躲藏在木馬裡的希臘士兵爬了出來，他們打開城門，讓希臘的軍隊進來。特洛伊被摧毀了，海倫與她的丈夫團聚了。

拉奧孔

拉奧孔（Laocoon）是特洛伊城的祭司。希臘人假裝撤退以後，特洛伊人要把他們留下的木馬拖進城內，他出面阻止。但是特洛伊的毀滅早已註定，女神雅典娜便讓兩條巨蛇將他和他的兩個兒子纏死。

→他的死是古代雕刻家們所喜愛的題材，表現他和他的兩個兒子痛苦掙扎的群雕非常有名。

特洛伊戰爭

它是一場傳說中的戰爭。據推測發生在西元前12、13世紀，是早期希臘人和特洛伊人在安納托利亞（Anatolia）西北部發生的戰爭。特洛伊王子帕里斯（Paris）誘拐了斯巴達王米納勞斯（Menelaus）的妻子海倫，斯巴達王的哥哥亞格曼儂（Agamemnon）遂率大軍討伐特洛伊，戰爭由此而發，持續時間長達10年。最後，希臘人利用木馬計攻陷了該城，並進行了屠城。

↓這幅畫表現的是特洛伊戰爭中的英雄派特洛克羅斯（Patroclus）在特洛伊城前被守城的赫克托爾（Hector）殺死後，英雄們為其舉行葬禮時悲壯場面。後來，派特洛克羅斯的好友阿基里斯（Achilles）殺死了赫克托爾，為好友報了仇。

- ＊ 西元前1020年，以色列建立君權，掃羅（Saul）被立為王。
- ＊ 西元前935年，亞述丹二世（Ashur-Dan II）統治時期，中斷近一個半世紀的亞述紀年重新開始。
- ＊ 西元前770年，希臘人在義大利的伊斯基亞島（Ischia）建立最早的殖民地。
- ＊ 西元前753年，據說羅馬城建於此年，羅馬人以此年為羅馬史的元年。
- ＊ 西元前742年，亞述軍再次西征敘利亞，3年後攻下。

荷馬和《荷馬史詩》、荷馬時代

　　荷馬（Homer）是西元前8世紀希臘偉大的盲人詩人，他創作了反映特洛伊戰爭的兩部偉大史詩：《伊里亞德》（Iliad）和《奧德賽》（Odyssey）。目前，關於他的生平尚有爭論，有待繼續考證。特洛伊戰爭的勝利，鼓舞和激勵了眾多的吟唱詩人和詩歌朗誦者，他們用詩歌的形式對英雄的事蹟口頭傳誦，荷馬對他們的創作進行了進一步的加工、提煉、豐富，逐漸形成了《荷馬史詩》的雛形，但仍屬於口頭創作。約在西元前6世紀，《荷馬史詩》才被後人編定成書，到現在已經有部分內容失傳。《荷馬史詩》中反映的時代被稱為「荷馬時代」，大約是從西元前11世紀到西元前9世紀，古代希臘氏族制度逐漸解體的階段。

古希臘的
女祭司

古希臘是個信奉多神的社會，每個神都有自己的節日，這些節日大都與性有所聯繫。在這些節日裡，祭司是主角，她是神與人對話的樞紐，在節日的最後階段，參加活動的男人們透過和祭司發生性關係而獲得神的祝福。這些祭司往往是由妓女擔任。

- ＊西元前739年，19國聯軍在黎巴嫩山區與亞述大軍會戰，亞述獲勝。
- ＊西元前736年，亞述國王提格拉・帕拉薩三世（Tiglath-Pileser III）入侵烏拉爾圖（Urartu），未成功。
- ＊西元前730年，庫施（Kush）王國的皮安希（Piankhi）進攻埃及獲勝，建立了努比亞（Nubia）王朝。
- ＊西元前722年，亞述國王薩爾貢二世率兵攻陷以色列城撒馬利亞（Samaria），俘虜2萬7千人。
- ＊西元前714年，亞述薩爾貢二世征服了烏拉爾圖王國。
- ＊西元前694年，亞述軍追殲逃到埃蘭（Elam）沿岸的迦勒底（Chaldean）軍，不久，埃蘭軍襲擊了巴比倫。

羅馬城的建立

　　傳說中，羅馬城的建立者──雙胞胎兄弟羅慕洛斯（Romulus）和雷莫斯（Remus），是靠吸食狼奶獲救的。這對雙胞胎兄弟長大後，在母狼救他們的地方建立了一座城市，但他們因城市的管轄權等問題發生爭執，羅慕洛斯殺死了弟弟雷莫斯，並用他的鮮血當做祭禮獻給了羅馬。

羅馬人劫掠薩比諾婦女

據說羅馬城創建之初，城中擠滿了外來的流浪漢，他們沒有妻室，是一群烏合之眾。羅馬城的創建者羅慕洛斯，聲稱將為一個剛發現的聖壇舉行盛大的儀式，吸引包括薩比諾人在內的其他部族來到城中看熱鬧。當儀式一開始，羅馬士兵在羅慕洛斯的指揮下，一湧而上，趕走薩比諾男人，而將薩比諾的未婚女性全部強搶瓜分。羅馬人搶奪了薩比諾婦女後，這些婦女的父兄前來報仇，但此時薩比諾婦女已與那些搶奪她們的羅馬青年生兒育女，眼見一邊是自己的父兄，一邊是自己的丈夫，薩比諾婦女帶著自己的孩子勇敢地站在他們之間，哀求男人們停止戰鬥。

↑一位天使般的薩比諾少女勇敢地站立著，試圖阻止一場決鬥的發生。這是法國大革命失敗後，畫家大衛（Jacques Louis David）對法國大革命反思的結果。

* 西元前691年，亞述與埃蘭、迦勒底聯軍在哈魯里展開激戰。
* 西元前689年，亞述軍隊攻破巴比倫，搶走了馬爾杜克（Marduk）神像。
* 西元前661年，亞述征服埃及，置埃及為一個行省。
* 西元前655年，亞述軍入侵埃蘭，攻陷其首都蘇薩（Susa）。
* 西元前648年，巴比倫城被攻陷，國王自焚而死。
* 西元前632年，希臘雅典爆發「基倫暴動」。

古代埃及人的生活

　　古埃及的農業很發達，尼羅河三角洲肥沃的土壤能夠生產出優良的小麥、大麥、蔬菜、水果、亞麻和棉花等農作物。埃及在利比亞有很大的金礦，這成為它重要的財源。此外，它的貿易和手工製造業也很發達。埃及在當時是一個繁榮富裕的帝國，埃及人的生活也遠非當時其他國家的人們可以相比。他們能夠到尼羅河兩岸眾多的巨大神廟去祈禱，富裕家庭的男孩去神廟所開辦的學校裡讀書習字，學校甚至還為年齡稍大的學生安排了多種不同的課程以供選擇。當然，那個時候女孩是不能上學讀書的，但是她們可以在家裡和家人下棋。埃及人發明了好幾種棋，只是現在已經沒人知道它們的下法了。孩子們還有陶土球、木頭娃娃等多種玩具可以玩耍。埃及的成年人最喜歡的運動是打獵和釣魚。另外，人們還喜歡角力、擊劍和拔河等運動。富人家裡經常舉行盛大的宴會，宴會上有許多食物和酒，還有音樂、演唱、舞蹈、雜耍可供欣賞。

[↓ 正在下棋的埃及女孩。]

巴比倫王國後期的頹廢

　　西元前2000年之後，美索不達米亞平原上，相當於現在伊拉克巴格達南部的巴比倫開始強大起來。在西元前1792年，即位巴比倫第一任王朝第6代國王的漢摩拉比，征服了蘇美人和阿卡德人的國家，一統美索不達米亞的整個地區，建立了以巴比倫為首都的巴比倫王國。他留下許多業績，其中最為重要的，是他制定了現存世界上最早的法典——《漢摩拉比法典》，它的內容指出，國王是神靈的代表，絕對不允許強者壓迫弱者。巴比倫王國盛極一時，並在天文學、數學等領域，為人類作出了傑出的貢獻。

　　到了後期，巴比倫的統治者驕奢淫逸，王政廢弛，社會風氣頹廢，經濟紊亂，無力抵抗外族入侵，在西元前1595年，終於被西臺帝國所滅。

- ➤ 西元前612年，亞述帝國的首都尼尼微被迦勒底人與米底同盟軍攻陷，帝國覆滅。
- ➤ 西元前610年，希臘斯巴達實行新法，強化軍事體制。
- ➤ 西元前605年，新巴倫修建「空中花園」，被希臘人列入世界七大奇蹟之一。
- ➤ 西元前6世紀，印度早期經典《奧義書》約於此時成文。希臘《伊索寓言》成書。
- ➤ 西元前594年，雅典首席執政官梭倫（Solon）開始了一系列的改革。
- ➤ 西元前586年，新巴倫王國尼布甲尼撒二世（Nebuchadnezzar II）攻陷耶路撒冷。
- ➤ 西元前578年，羅馬塞爾維烏斯・圖利烏斯（Servius Tullius）實行了一系列的改革。

印度文明

　　印度河流域的土地和氣候很適宜耕種，只需要很少的人力進行勞作，就可以滿足人們的衣食之需，因此人們可以去從事其他工作，學習新的技藝。儘管印度河文明的出現稍晚於兩河流域和尼羅河流域，但是它臻於成熟的程度和速度，卻絲毫不遜於它們。這片土地的先人為人類貢獻出了十進位制、《吠陀》、棉花等。在西元前2500年，印度河兩岸所遍布的城鎮，多達100餘座。其中最大的是摩亨佐・達羅（Mohenjo-Daro）和哈拉巴（Harappa）。在前者的堡壘內，甚至有一個極大的公共浴室，統治者和祭司們可能常來洗浴。印度的手工業也很發達，當時的市場上常常可以看見用金、黏土和寶石做成的手鐲和項鏈。我們也可以得知這裡的人們還與西北邊的蘇美人做過生意，因為在哈拉巴的土地上，出土過印度人生產的陶器和珠子。

亞述帝國的興亡

　　西元前3000年左右，亞述人就已在美索不達米亞最北部，建立了一個以亞述為中心的小國。西元前13世紀以後，他們掌握了車戰技術，開始征服毗鄰的城市。到了西元前1250年左右，他們成為這個地區的主人。西元前1225年，亞述攻占了巴比倫，亞述國王並命書記官這樣記載：「我擄獲了巴比倫國王，用腳踩在他高傲的脖子上，就像踩在腳蹬上那樣。」

　　西元前8世紀後期，亞述用靠掠奪來的財富在新首都尼尼微（Nineveh）建立了規模宏大的王宮和神廟。王宮有12間大廳和30個庭院，精美華麗，取得了輝煌的藝術成就。然而好景不常，其後亞述迅速衰落，到西元前612年，亞述帝國都城尼尼微被迦勒底和米底（Medes）聯軍攻陷，帝國土崩瓦解。

↓在尼尼微宮中自焚的亞述最後一位國王。

智與力的角逐

西元前7世紀──西元4世紀

* 西元前563年，相傳佛教創始人喬達摩‧悉達多出生於此年，他通常被稱為「釋迦牟尼」。
* 西元前562年，新巴比倫尼布甲尼撒二世去世，國家陷入內亂，國勢日衰。
* 西元前546年，希臘斯巴達擊敗阿戈斯（Argos），確立起在伯羅奔尼撒半島（Peloponnesus Penisula）的霸主地位。
* 西元前539年，居魯士二世攻占巴比倫，解放了猶太人。
* 西元前538年，波斯將存在了88年的新巴比倫王國併吞。
* 西元前529年，波斯王居魯士遠征中亞，途中被殺，其子岡比西斯即位。
* 西元前525年，居魯士的兒子岡比西斯征服埃及，統一了地中海東岸。

梭倫改革

↑本畫表現了梭倫推行改革前夕，貴族們展開激烈辯論的情形。

雅典的強盛是依靠其開明的民主制度和強大的海上優勢。在希臘的諸城邦中，雅典居於無可取代的核心地位。在思想文化領域，大師巨匠也不斷湧現，如蘇格拉底和柏拉圖。

而在西元前6世紀初年，雅典的國內形勢不容樂觀，平民為擺脫債務奴役正在醞釀武裝起義。西元前594年，梭倫當選為執政官，並被指定為「調停人」。梭倫享有很高的社會威望，上任後進行了一系列改革：在經濟上頒布了「解負令」；在政治上，削弱了貴族會議的權力，提高公民大會的作用。此外，又成立兩個新的機構：四百人會議和陪審法庭。梭倫改革為以後奴隸制共和國的發展繁榮奠定了堅實基礎。

伊索和《伊索寓言》

據說伊索是個奴隸，依靠自己的聰明才智獲得了自由。相傳在西元前6世紀，他創作了許多寓言故事，廣為流傳，至今還被人們所熟悉。

約在西元前300年，雅典人法拉雷烏斯（Demetrius Phalareus）首次把這些寓言故事整理成集。西元1世紀費德魯斯（Phaedrus）再次編輯，成冊定型，統稱《伊索寓言》（Aesop's Fables），從此，人們才將它當作文藝著作來欣賞。像我們熟悉的《龜兔賽跑》、《下金蛋的鵝》、《狼來了》這些故事都出自《伊索寓言》，它語言生動，短小精悍，寓意深刻，對後世影響很大。

波斯帝國之父居魯士大帝

居魯士二世（Cyrus II）是波斯帝國的開國之君，他在西元前6世紀中期創建了波斯帝國。他少年多難，險些命喪自己外祖父之手。成年後，他起兵造反，得到了周邊地區軍民的擁護。軍隊在他的率領下，勢如破竹，戰勝了米底亞（Media）王的軍隊，又攻破了米底亞國的首都，後將進攻矛頭指向了當時的富強之國巴比倫。西元前539年，波斯大軍一舉攻陷了名城巴比倫城。居魯士大帝實行溫和開明的政策，釋放了被囚在巴比倫城內的大批猶太人。他還對巴比倫和其他地區一樣寬大，贏得了人民的好感。中東地區的許多國家都紛紛依附於他或與之結盟，波斯從此成為一個規模空前的大帝國。後來他率軍東進，打敗了游牧民族馬薩格太（Massagetae）的女酋長，並俘虜了女酋長的兒子。女酋長的兒子在獄中自殺，女酋長發誓報復。最後，在西元前529年，女酋長的軍隊偷襲得手，打敗並殺死了居魯士二世，還命人將他的頭顱砍下。一代將星就這樣殞落。

↓馬薩格太女酋長觀看居魯士二世頭顱時的情景。

岡比西斯征服埃及

　　岡比西斯（Cambyses）是波斯國王居魯士大帝的兒子。西元前6世紀後期，還在他任巴比倫總督的時候，埃及王國就已經很衰弱了，當時的法老昏庸腐朽，碌碌無能。岡比西斯看準時機，剛登上王位後，就對埃及發動了遠征，並很快將它滅亡。在遠征期間，他的軍隊還曾席捲了衣索比亞北部，後因人疲馬乏，師勞途遙，不得不撤軍，但是波斯的威名從此遠播異域。

* 前490年，雅典軍隊在馬拉松（Marathon）平原戰勝了強大的波斯軍，此為著名的馬拉松之戰。
* 西元前480年，斯巴達王李奧尼達率軍在溫泉關給予波斯軍沉重打擊後，波斯艦隊全軍覆沒。
  波斯大軍進抵雅典，在薩拉米（Salamis）海灣戰役中被擊敗。
* 西元前479年，普拉塔亞（Plataea）戰役中，希臘聯軍擊潰波斯陸軍。
* 西元前479年，馬拉松等陸上戰役失敗，波斯帝國放棄了征服希臘的計畫。

釋迦牟尼創立佛教

西元前1500年後，印度逐漸變成了雅利安人的國家。之後，種姓制度和印度教盛行於印度，影響深遠。西元前563年，佛教創始人喬達摩·悉達多誕生於今天尼泊爾境內的一個國王家庭。因為他是釋迦族人，所以覺悟後被稱為「釋迦牟尼」，意即為「釋迦族中的聖者」。他在成長過程中，目睹並感受到人的生、老、病、死都是痛苦的事情，為此感到心煩意亂，陷入苦苦思索之中，後來決定尋求解脫之路。在29歲時，他拋棄了世人羨戀的王子地位，離開了嬌妻幼子，辭家苦修。經過漫長艱苦的修行，有一天，他在一棵菩提樹下靜思時，忽然一顆流星劃過夜色寂寥的天空，他頓時豁然開朗，大徹大悟了。從這一刻起，他已經成佛。於是，他開始傳播他的思想。

佛教是充滿著東方智慧的宗教和哲學。它對印度、中國、朝鮮、日本、東南亞等亞洲各國的思想、文化、生活和風俗產生了廣泛而深刻的影響。

↑「知幻即離，不作方便；離幻即覺，亦無漸次。」——《圓覺經》

羅馬共和國的建立

　　羅馬成立後，統治者一直是國王，到了西元前509年，這種情況有了根本性的改變。羅馬的最後一個國王塔奎尼烏斯（Tarquinius Superbus）驕橫無比，是個暴君，引發了羅馬人的強烈不滿。就在這一年，一個叫布魯特斯（Lulius Brutus）的人將這個暴君驅趕出來羅馬城，然後建立了羅馬共和國，並當選為第一執政官。後來，在一次作戰時，他與塔奎尼烏斯的兒子決鬥，並死於其劍下。布魯特斯是傳說中的歷史人物，是否真有其人，還有待考證。

* 西元前476年，希臘聯軍在西門（Cimon）的指揮下攻占色雷斯（Thrace）、愛琴海和拜占庭。
* 西元前478年，希臘雅典、愛琴海諸島和小亞細亞各城邦組成海上同盟，即「提洛同盟」（Delian League）。
* 西元前470年，古希臘卓越的唯物論哲學家赫拉克里特斯（Heraclitus）去世。
* 西元前468年，希臘海軍在歐里墨東（Eurymedon）河口大敗波斯艦隊。
* 西元前464年，希臘農奴希洛人（Helot）舉行反斯巴達的大起義。
* 西元前462年，希臘的麥加拉城（Megara）與科林斯城（Corinth）發生邊界戰爭，麥加拉向斯巴達求援未成，與雅典結成同盟。

希臘的奴隸市場

　　亞里斯多德曾經把奴隸定義為「會說話的工具」，由此可以看出奴隸在希臘社會中悲慘的地位和命運。希臘社會實行的是民主制，但是民主的範圍從來不包括奴隸，因為在希臘人眼裡，奴隸根本就不能稱之為人。戰俘和破了產的自由民往往淪為奴隸，他們與牛馬一樣，只是主人的財產，無任何權利可言，主人可以隨意處置他們，包括把他們拉到市場上買賣。在奴隸市場，他們就像一件件普通的商品一樣，任憑與他們同為人類的那一群人挑挑揀揀。

→希臘的奴隸市場。

詩人們

　　莎芙（Sappho）與阿爾凱奧斯（Alkaios）都是西元前四世紀古代希臘著名詩人。女詩人莎芙的文筆優美，作品題材大多以自己和女伴之間的友誼或不睦為主，描寫和抒發沉悶生活中的愛、妒和恨。莎芙的詩歌創作基本上不涉及當時的政治，只對上流社會的社交集會感興趣。當時仰慕她的人很多，有人甚至不遠千里來拜會她。據說，莎芙是個女同性戀者，這可能與當時希臘社會流行的同性戀風氣有關。詩人阿爾凱奧斯則是當時比較著名的一位抒情詩人，在他的筆下，人們可以領略到航船與河流、美酒與盛宴、野鴨和花朵交相呼應的那種美好感覺。

* 西元前465年，希臘雅典悲劇作家艾斯奇勒斯（Aeschylus）去世，其代表作有《普羅米修斯之縛》（Prometheus Bound）、《奧瑞斯提亞》（Oresteia）三聯劇等。
* 西元前450年，希臘雅典海軍圍攻賽普勒斯（Cyprus）島，獲勝。希臘與波斯簽訂和約，規定波斯放棄在愛琴海的霸權，承認小亞細亞諸城邦的獨立；希臘應諾不再進攻波斯。波希戰爭結束。
* 羅馬平民為反抗貴族，發起第二次「分離運動」（secession）。執政官被迫實施一項法案，規定平民決議（Plebiscitum）對羅馬全民具有法律效力，確認保民官具有神聖不可侵犯性。
* 西元前449年，希臘海軍在賽普勒斯以東海域重創波斯軍。

辛辛納圖斯

　　辛辛納圖斯（Lucius Quiunctius Cincinnatus）是羅馬一位富有傳奇色彩的政治家。西元前5世紀中期，他被推舉為羅馬獨裁官。

　　有一天，他正在自己的農莊裡耕作，忽然接到一項任務：去解救被敵人圍困在附近山上、由一名執政官率領的軍隊。他神勇善戰，只用了短短一天就擊敗敵軍，完成了使命，羅馬特別為他舉行了盛大的凱旋式。然而他非常淡泊權力，曾限定自己只有在羅馬陷於危機的時候才掌權。果真，危機一解除，他便辭職還鄉，歸返農莊種田。

〔↑圖為正在田間耕作的辛辛納圖斯和前來拜訪他的人交談的情景。〕

←李奧尼達
率領軍隊在
溫泉關抗擊
波斯軍隊。

溫泉關戰役

　　西元前6世紀中後期起，波斯帝國開始侵略希臘各個城邦，希臘各邦奮起抵抗。西元前481年，一支龐大的波斯軍隊突然出現在希臘半島北部，希臘諸城邦面臨滅頂之災。在此生死存亡之際，諸邦推舉英勇的斯巴達城邦為希臘聯軍領袖。斯巴達國王李奧尼達（Leonidas）應邀率領一支小軍團去防守連接希臘南部的重要隘口溫泉關（Thermopylae）。溫泉關位於巍峨的高山與浩瀚的大海之間，易守難攻。李奧尼達指揮勇猛的斯巴達士兵以寡敵眾，浴血奮戰，成功地阻擋了波斯大軍前進的腳步。但由於一個希臘叛徒的出賣，一支波斯軍隊從小路悄悄地穿過山隘，繞到了李奧尼達的後方，發動攻擊，一場血腥的戰鬥於焉展開。儘管李奧尼達的軍隊腹背受敵，但是毫不畏縮，英勇抗擊。雙方從白天一直拚殺到夜幕降臨。李奧尼達和他的勇士全部壯烈犧牲，但是他們的身邊也布滿了波斯士兵的屍體。波斯雖然在陸上贏得了勝利，沒多久卻在海上大敗於雅典海軍，最後還是輸掉了戰爭。儘管李奧尼達和他的勇士沒有看到後來的勝利，但是卻贏得了流芳千古的榮譽！

* 西元前445年，希臘雅典與伯羅奔尼撒同盟訂立了30年休戰條約。雅典放棄在伯羅奔尼撒所侵占的土地，斯巴達承認雅典在海上的霸權，不干涉提洛同盟。羅馬根據保民官卡奴來亞（Canuleia）提出的法案，允許貴族與平民通婚，其子女繼承其父親的身分。
* 西元前443年，從此年起，希臘雅典伯里克利（Pericles）連任十將軍委員會的首席將軍15年，史稱伯里克利時代。伯里克利開始實行了擴大民主的政策，伯里克利時代為雅典極盛世時期。
* 西元前437年，希臘伯里克利率艦隊遠征黑海，並與黑海沿岸一些城市建立良好關係，雅典把移民遷往黑海各城市，其在黑海方面的勢力得到鞏固和發展。
* 西元前434年，雅典出兵克基拉（Corcyra），成為伯羅奔尼撒戰爭的導火線。

古代希臘的民主制度

　　民主的觀念在希臘諸邦深入人心，就連在政治上公認比較保守的斯巴達，國王的權力也不能隨意濫用。斯巴達實行的是「兩王制」，即由兩個國王共同執政。而且，這兩個國王也是從元老會議成員中選出的。斯巴達的元老會議有著極大的司法權力，是唯一能作出死刑和流放判決的機構，可以有效地防止和制約國王的獨裁。

　　到了西元前5世紀，雅典的民主制度更是臻於全盛，具體表現包括：梭倫改革成功限制了曾擁有貴族特權的元老階層的權力；國家的最高權力機關是公民大會，凡年滿18歲的男性公民皆有權參加；500人會議是國家的最高行政機關，各等級公民皆可當選。雅典的民主政治非常充分地發揮了雅典公民多方面的積極性，促進雅典政治、經濟和文化上的興盛。

[→在雅典公民大會上獻舞的士兵。]

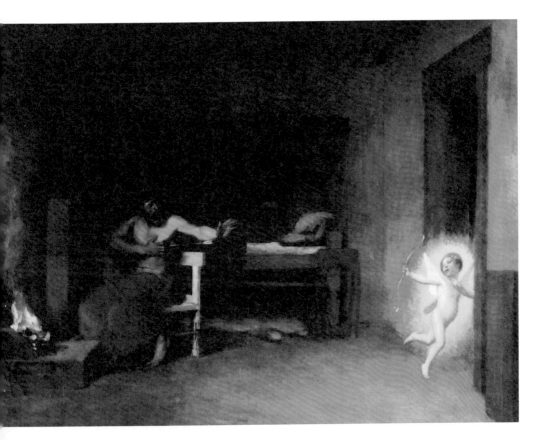

阿那克里翁

　　阿那克里翁（Anacreon）是西元前5、6世紀之際，亞洲部分最後一位偉大的希臘抒情詩人。在這幅作品裡，愛神丘比特的金箭射中了詩人，激發了詩人的創作靈感。

* 西元前431年，希臘伯羅奔尼撒戰爭爆發。斯巴達派陸軍攻掠阿提卡（Attica），雅典則將農村人口撤入雅典城內，然後派海軍在伯羅奔尼撒沿岸進行襲擊，打擊斯巴達及其盟軍。

* 西元前430年，希臘雅典發生大瘟疫，死者甚多。海軍侵襲伯羅奔尼撒沿岸不力，雅典人因此不滿，廢黜了伯里克利。印度摩揭陀國大臣希蘇那伽（Sisunaga）奪得王位。希蘇那伽統治時期，摩揭陀征服了阿般提等國，國勢日漸強盛。

* 西元前421年，希臘雅典與斯巴達尼西亞（Nicaea）和談成功，簽訂50年和約，伯羅奔尼撒戰爭第一階段結束，斯巴達與阿戈斯戰爭開始。

* 西元前419年，馬其頓阿克勞斯（Archelaos）王朝開始統治。在此期間，阿克勞斯王朝實行了軍事和貨幣改革，國都遷至伯拉城（Perath），對外採取聯合雅典的政策。

希臘的神廟

　　古代希臘建築上水準非常高，多以神廟為代表。這種大型長方形建築，周圍繞以廊柱，顯得神聖莊嚴。

　　根據柱子的形狀，可分為多利克柱式、愛奧尼亞柱式和科林斯柱式。科林斯柱式的典型代表是雅典衛城的奧林匹亞神廟（Oympian）；愛奧尼亞柱式的典型代表則為雅典境內的厄瑞克提翁神廟（Erechtheum）；多利克柱式的典型代表為帕德嫩神廟（Parthenon）。帕德嫩神廟幾乎就是雅典的代表。

↓下圖描繪了它的建造者、雕刻家菲迪亞斯（Pheidias）向資助人和朋友展示帕德嫩神廟中楣時的情景。人們的眼光完全被雕刻吸引住了，忘記身處臨時搭建的木板上的危險。菲迪亞斯本人則站在左邊，留給我們一個背影。

雅典的標誌——帕德嫩神廟

　　希臘和波斯的戰爭結束後，雅典偉大的領袖伯里克利利用雅典為提洛同盟盟主的地位，籌集錢款，重新建造了在波希戰爭中被毀的雅典城。其中一項最宏大的工程，就是興建帕德嫩神廟。伯里克利聘請了全希臘最著名的雕刻家菲迪亞斯做監督，著名建築師伊克提諾斯（Ictinus）和卡利克拉特（Callicrate）承建。帕德嫩神廟宏偉輝煌，從建成之日就成為了雅典的標誌性建築。

* 西元前418年，雅典同盟軍在曼丁尼亞附近被斯巴達軍隊擊潰。
* 西元前415年，雅典軍遠征西西里，與斯巴達軍展開激戰。最後雅典全軍覆沒。
* 西元前412年，希臘斯巴達與波斯訂立和約。雅典人表決通過花費鉅資速建一支巨大艦隊，並收復了蕾絲玻（Lesbos）等島。斯巴達承認波斯對小亞細亞希臘人的統治權，波斯供給伯羅奔尼撒艦隊薪俸。
* 西元前406年，希臘雅典悲劇作家索福克里斯（Sophocles）去世，其作品以《伊底帕斯王》（Oedipus Rex）為代表。悲劇作家尤里皮底斯（Euripides）去世，尤里皮底斯留下18部作品，最著名的是《米蒂亞》（Medea）。

［↑圖為這位報訊的士兵到達典雅的情形。］

第一次馬拉松之戰

　　西元前490年，波斯人入侵希臘，希臘奮起反擊，在馬拉松平原的一次激烈戰鬥中打敗了侵略者，一個士兵跑了42公里195公尺的路程把這個好消息帶到了雅典，然後因筋疲力盡而死去。現在的馬拉松長跑就是以這個著名的事件所命名。

慶祝豐收的希臘人

　　儘管希臘人總是在打仗，但他們還是創建了歷史上最偉大的文明。西元前500年到西元前350年這段期間，被人們稱作「古典時期」。希臘男子出去工作、購物和會見朋友，婦女則待在家裡處理家務、照顧孩子和監督奴隸。富有人家的男孩子7歲時就開始上學，他們學習閱讀、寫字、數學、詩歌、體育和跳舞，女孩則待在家裡由母親教育。在男女孩接受教育這一點上，古希臘和埃及很相似。

* 西元前405年，希臘雅典艦隊追擊斯巴達海軍統帥萊山得（Lysander），到達赫勒斯滂海峽（Hellespont），由於指揮官失職，艦隊全軍覆沒。斯巴達乘機降服雅典屬邦，寡頭政治先後在雅典屬邦建立。
* 西元前401年，波斯王子居魯士和其兄阿塔薛西斯二世（Artaxerxes II）爭奪王位，斯巴達派僱傭軍援助居魯士，後居魯士戰敗身亡。斯巴達僱傭軍撤退，逃往黑海岸。
* 西元前395年，雅典、阿戈斯、科林斯等組成反斯巴達同盟。科林斯戰爭爆發。歷史學家修昔底德（Thucydides）去世。修昔底德著有《伯羅奔尼撒戰爭史》，共8卷。

希臘的戲劇

　　古代的希臘人特別喜歡戲劇，經常舉行戲劇演出。這種演出除了娛樂大眾外，還有一個很重要的功能，就是向酒神戴奧尼索斯（Dionysus）表示尊重，從而演變成為一種宗教性活動。當時，參加戲劇演出的只能是男子，他們扮演各式各樣的角色，包括反串女子。演出的同時，精心裝扮的演員還要表演合唱。當時的戲劇演出特別注重和觀眾的即席交流，經常舉辦戲劇比賽與評獎，這是後世所看不到的部分。劇作家很受觀眾歡迎和喜愛，當時著名的劇作家有索福克里斯、尤里皮底斯、艾斯奇勒斯等。

希臘悲劇

　　《愛爾克提斯》（Alcestis）是尤里皮底斯現存最早的悲劇，完成於西元前438年。它講國王亞德美托斯（Admetus）的故事：如果沒有別人代替他去死，他註定會死去。他的妻子愛爾克提斯為他作出了犧牲，但是赫拉克勒斯（Heracles）從死神那裡把她奪回。亞德美托斯於是說服諸神允許他們兩人都活下來。這幅畫表現的就是這個內容。

- 西元前371年，希臘雅典和斯巴達議和，斯巴達同意撒回一切國外的駐軍。底比斯要求承認其在彼奧提亞的統治地位，斯巴達反對，底比斯將領伊巴密濃達率軍在留克特拉大敗斯巴達軍，斯巴達王克里昂布洛特陣亡，底比斯開始在希臘稱霸。
- 西元前367年，羅馬保民官李錫尼（C. Licinius Stolo）和綏克斯圖（L. Sextius Lateranus）提出限制貴族土地、減輕債務和平民參政法案，經過10年鬥爭終於獲得通過。高盧人（Gallus）侵入義大利中部，羅馬人與高盧人作戰。
- 西元前366年，希臘底比斯將領伊巴密濃達第三次進軍伯羅奔尼撒。科林斯與底比斯媾和。
- 西元前364年，印度出身於下層的摩訶帕德摩・難陀，建立難陀王朝。在難陀王朝時代，恆河流域逐漸走向統一，為孔雀帝國的建立打下基礎。

斯巴達勇士

西元前10世紀至前9世紀，多利安人建立了一個由五個村落組成新的政治中心，這就是斯巴達城，它逐漸發展成希臘諸城邦中最強大的城邦之一。斯巴達的強大，不是憑藉它的經濟富裕和政治開明，而是手持長矛利劍的勇士。斯巴達非常尚武，所有成年男子都是英勇的戰士，所有的男孩都要準備成為戰士。他們七歲起就被迫離開母親身邊，去接受軍事訓練。女孩也必須保持健康的體魄，以便將來生出健壯的孩子。

[↑ 正在進行軍事訓練的斯巴達男孩與女孩。]

奧林匹亞競技

古希臘男子喜愛體育運動，各地經常舉行比賽，最重要的賽事是奧林匹亞競技，是慶祝眾神之王「宙斯」節日的一部分，每四年舉行一次。奧林匹亞競技會上的主要項目有賽跑、跳高、拳擊、角力、賽馬、賽馬車、投擲鐵餅和標槍。奧林匹亞競賽在當時禁止婦女參加。

←美神維納斯
是希臘諸神中
最著名的一
個。這幅畫表
現的是維納斯
的誕生。

希臘神話

　　希臘神話是人類文化史上的瑰寶，它反映了童年時代的人類對自然和
社會的認識。一直到現在，還有許多故事為人們喜聞樂道。比如，宙斯變
身成牛帶走腓尼基公主歐蘿芭（Europa），化身天鵝引誘斯巴達王后麗達
（Leda）；普羅米修斯從天庭偷盜火種給人類帶來光明等。不僅當時大多
數戲劇、詩歌、史詩取材於這些神話故事，而且後世許多文學家和藝術家
也從其中汲取了豐富的養料和靈感。希臘神話在西方的文化、藝術史和精
神領域的重要性，不論如何高度評價都不為過。

* 西元前358年，希臘羅德斯（Rhodes）等邦反對雅典的強權及對盟邦的橫徵暴斂，與雅典進行戰爭，史稱「同盟戰爭」，雅典失敗。
* 西元前347年，希臘唯心論哲學家柏拉圖去世。他是歐洲哲學史上第一個有大量著作流傳於世的唯心論哲學家。
* 西元前342年，馬其頓國王腓力二世（Philip II）侵入色雷斯。
* 西元前340年，希臘雄辯家迪莫斯西尼（Demosthenes）說服雅典人在優卑亞（Euboea）和伯羅奔尼撒建立同盟，以反對腓力二世。羅馬征服義大利半島的「拉丁同盟戰爭」爆發。羅馬擊敗拉丁諸城，使其置於羅馬的統治下。
* 西元前337年，馬其頓國王腓力二世在科林斯召開全希臘會議，強令各國與馬其頓締結盟約，承認馬其頓的領導地位，禁止彼此間的戰爭，會上腓力並宣布出征波斯的計畫。科林斯會議確立了馬其頓的霸權地位。

伊巴密濃達之死

　　伊巴密濃達（Epaminondas）是古希臘城邦底比斯（Thebes）統帥和政治家。他曾拜師於畢達哥拉斯（Pythagoras）派哲學家呂西斯（Lysis），精通韜略。他與民主派首領佩洛皮達斯（Pelopidas）交情深厚，兩人同掌政權，使底比斯一度稱霸希臘。西元前371年，代表底比斯參加泛希臘和平會議，會上斯巴達自恃武力強大，要求底比斯放棄對彼奧提亞（Boeotia）同盟的領導權，遭伊巴密濃達拒絕。同年與斯巴達王克里昂布洛特（Cleombrotus）進行了留克特拉（Leuctra）會戰。伊巴密濃達以劣勢兵力擊敗斯巴達優勢兵力，斯巴達王戰死。他曾經3次率軍南征，重創斯巴達，致使以斯巴達為盟主的伯羅奔尼撒同盟瓦解。同時建設海軍與雅典在海上抗衡，一度使底比斯在希臘各城邦中處於強國地位。西元前362年，率軍第4次南征伯羅奔尼撒，與斯巴達軍在曼丁尼亞（Mantinea）決戰，於勝利在望之際被敵投槍擊中陣亡。

↑ 油畫《伊巴密濃達之死》。

←即將被放逐的
地米斯托克利和
他的家人。

被流放的地米斯托克利

　　地米斯托克利（Themistocles）是西元前5世紀希臘海上霸權的締造
者。馬拉松戰役後，雅典人普遍有一種輕飄飄的樂觀情緒，認為從此可以
高枕無憂。但是地米斯托克利敏銳地感到，如果波斯再發動一次大規模進
攻，雅典將難以支撐，而抗衡並戰勝波斯的唯一方法就是取得海上優勢。
為此，他說服公民大會，竭力擴張海軍。最後，雅典和其他一些城邦採納
了他的意見，最後取得了對波斯的最終勝利。但儘管地米斯托克利功勳卓
著，雅典人卻在西元前479年撤銷了他的職務，最後遭到了放逐的命運。

* 西元前334年，馬其頓國王亞歷山大率大軍進攻波斯。馬其頓與波斯首戰於馬爾馬拉海（Marumara Deniz）南岸的格拉尼庫河（Granique）附近，波斯大敗。小亞細亞希臘諸城推翻波斯的統治，恢復民主制度。
* 西元前333年，亞歷山大率軍與波斯大流士三世激戰於伊蘇斯城（Issus），波斯軍慘敗。亞歷山大殺敵3萬，並俘虜大流士三世之母及妻女。
* 西元前333年，伊蘇斯之戰後，亞歷山大大帝入侵敘利亞。
* 西元前332年，亞歷山大大帝圍攻腓尼基的推羅城（Tyre）達7個月之久，城陷後，萬人被屠殺，3萬居民被賣為奴。敘利亞、猶太投降，亞歷山大揮師南下，征服埃及。
* 西元前331年，波斯大流士三世與亞歷山大大帝決戰於尼尼微城附近的高加米拉，波斯軍徹底潰敗，大流士三世逃往米底，波斯首都蘇薩陷落。

蘇格拉底和亞西比德

↑蘇格拉底（右二）正在勸亞西比德（右三）離開阿斯帕西亞（右四）的家。

伯里克利是西元前5世紀領導雅典的政治家。他正直廉潔，作為非常有才幹的政治家，名望很高。在伯羅奔尼撒戰爭中，他一邊鼓勵雅典市民的自尊心、愛國心，一邊投入戰爭。可惜，世界上沒有完美的英雄，伯里克利有個情婦，叫阿斯帕西亞（Aspasia）。阿斯帕西亞是一個風流成性的女人，在私生活方面廣受非議。蘇格拉底有位摯友，叫亞西比德（Alcibiades），他的監護人就是鼎鼎大名的伯里克利，他本人也在伯里克利的幫助下成為雅典的軍事將領和政治家。他與蘇格拉底惺惺相惜，結成莫逆之交。但亞西比德禁不起阿斯帕西亞的美色誘惑，成了她的裙下臣與榻上客。一次，蘇格拉底到伯里克利家作客，發現了二人的隱情，還不得不對他進行了一番規勸。亞西比德雖然作戰勇敢，才能出眾，但是命途多舛，屢受政敵的打擊和陷害。而他本人褊狹的個性，使他在雅典與斯巴達的戰爭中，先背叛了祖國雅典，繼而又從投靠的斯巴達出逃。他最後落腳到波斯，被波斯總督殺死，結局悲慘。

↑ 在這幅畫裡，蘇格拉底正在向他的朋友和弟子們作最後的訣別，並接過弟子手裡的毒酒。

蘇格拉底之死

　　蘇格拉底是古代希臘三大哲人中的第一人（另外兩位是柏拉圖和亞里斯多德）。西元前399年，他被指控為「不敬神」，理由是他「腐蝕青年」和「不尊重城邦崇拜的神和從事異教活動」。法庭通過了他的死刑判決後，有人勸他逃走，他反而說：「判決雖然違背事實，但確實是合法法庭的合法判決，不可以違背。」因此，他安然服毒逝去。蘇格拉底之死，是希臘民主精神和法制社會的悲劇。

* 西元前330年，馬其頓亞歷山大大帝追擊大流士三世，並將波斯舊都波斯波里斯（Persepolis）的建築摧毀殆盡。大流士三世被殺，波斯帝國亡。亞歷山大大帝征服裏海地區後，向南進軍。
* 西元前329年，亞歷山大大帝東侵中亞，遭到當地民族的強烈反抗。
* 西元前328年，亞歷山大大帝開始採用波斯服飾和朝儀，娶波斯人洛葛仙妮（Roxanne）為妻。
* 西元前327年，亞歷山大大帝率軍南下入侵印度，遭到當地居民的頑強抵抗，兩年後大軍撤出印度。
* 西元前326年，羅馬通過波特里亞法案（Lex Poetelia），規定債務人只以其所有財產而不以其人身對債權負責，平民從此免除淪為債務奴隸的威脅。當年第二次薩莫內（Samnium）戰爭爆發。

快樂的希臘人

　　充足的陽光、適宜的氣候和地中海的海風，使希臘人生性酷愛生活，富於幻想，熱愛自由，追求現世的快樂。在古代希臘人身上，現代人很容易體會到一種「人類孩童時代」的快樂。

[↓跳舞的希臘人。]

法律與胴體

↑希臘法庭上
被扯下衣裳的
芙麗涅。

　　古代希臘人對美的崇拜和人性化的司法制度在著
名的「芙麗涅審判」中得到了最淋漓盡致的展現。芙
麗涅（Phryne）是希臘一位漂亮的妓女，她因為被指
控褻瀆神靈而在初審被法官判處了死刑，當她被帶到
法庭等候終審的時候，為她辯護的雄辯家希佩里德斯
（Hyperides）忽然當眾扯下了她的長袍，讓她美麗
的胴體呈現在眾人的眼前。在驚歎了她的美麗之後，
法官和陪審團一致改判她無罪。

* 馬其頓大軍渡過印度河，居薩羅王自願歸服亞歷山大。馬其頓軍隊繼續東侵，與拒不投降的波魯斯王作戰，獲勝。但後來由於士兵厭戰，並恐懼難陀王朝，最後才撤兵。
* 西元前325年，亞歷山大大帝率軍回到兩河流域，定都巴比倫。
* 西元前324年，亞歷山大大帝根據他的融合希臘與亞洲民族的政策，鼓動其部下與當地婦女結婚，有近萬名士兵娶了當地婦女。
* 印度旃陀羅笈多（Chandragupta）乘北部政局動盪之機，推翻難陀王朝的統治，自立為王，建立孔雀王朝，定都華氏城。

←這幅畫的作者是法國新古典主義畫家大衛。

亞歷山大與畫家阿佩萊斯

　　阿佩萊斯（Apelles）是西元前4世紀古希臘最優秀的畫家。有一天，亞歷山大請阿佩萊斯為他的寵妃康貝絲貝（Campaspe）畫裸體像，當阿佩萊斯見到康貝絲貝美麗的裸體後，立即愛上了她，而亞歷山大也慷慨地將康貝絲貝賜給了才華出眾的藝術家。在這幅畫裡，阿佩萊斯正望著美女發呆，而康貝絲貝則羞澀地轉過臉去，但亞歷山大似乎並沒有注意到這些，還在催促畫家。

尊重學者的亞歷山大

　　伯羅奔尼撒戰爭結束後，希臘各城邦之間仍然
戰事不斷。他們忙於打仗，並沒有注意到北方馬其頓
王國正在發生的事情：馬其頓國王腓力二世建立了一
支訓練有素的軍隊。等到希臘城邦猛然發覺不對的時
候，腓力二世早已開始了征服它們的行動；到西元前
338年，他成功控制了整個希臘。不久，腓力二世被
刺殺，他20歲的兒子亞歷山大成為國王。一代霸主已
經走上政治舞臺，開始去實現他的雄才大略。亞歷山
大大帝很尊重學者，和他們有著廣泛的交遊。他曾經
受教於當時著名的學者亞里斯多德，也很欣賞和尊重
曾經被販賣為奴、被時人斥之為「狗」的犬儒學派學
者狄奧根尼（Diogenes）。

* 西元前323年，亞歷山大大帝死於巴比倫。部將立其遺腹子為國王，稱亞歷山大四世，並選定
  亞歷山大的密友波迪卡斯（Perticas）為攝政王。希臘雅典得知亞歷山大已死，立刻聯合希臘中
  部、南部諸城邦起義。拉米亞戰爭（Lamian War）爆發。
* 西元前322年，希臘雅典諸邦反馬其頓失敗。雅典屈服於馬其頓的壓力，接受一部寡頭政治的
  憲法，規定持有財產的人才具有公民許可權。雅典僅有9千人得到公民權。著名哲學家亞里斯
  多德去世。亞里斯多德學識十分淵博，一生寫了大量著作，被稱為「最博學的人」。
* 西元前321年，亞歷山大大帝死後，其部將之間展開了激烈的奪權鬥爭。攝政王波迪卡斯出征
  埃及時遇刺身亡。

亞里斯多德

　　亞里斯多德生於西元前384年，他是希臘蘇格拉底傳統最偉大的宣導者。17歲進入柏拉圖學園後，從學生變成教師，一待就是20年。西元前343年他受馬其頓的腓力之邀，擔任腓力之子亞歷山大的私人教師。7年後，亞里斯多德返回雅典，創辦萊西姆（Lyceum）學園。直到西元前322年去世為止，亞里斯多德的著作比柏拉圖更為卷帙浩繁，主題也更加多樣。他的主要著作包括邏輯學、形而上學、修辭學、自然科學和政治方面的論述。

亞歷山大的東征

亞歷山大大帝的士兵是當時世界上走得最遠的一群人，他們走過的行程長達驚人的3萬2千公里，甚至比2千年後橫掃歐洲大陸的拿破崙軍隊走的路還要長，而他們的目標也比拿破崙更加偉大，這就是：征服世界。從西元前334年起的10年間，他的軍隊先後擊敗了小亞細亞，占領了埃及，滅掉了波斯，橫掃了中亞，最後還攻入印度河流域。後來因為水土不適、糧草不繼、瘟疫橫行，才不得不撤兵。亞歷山大的東征，實際上是對東方各國的侵略。但是，它在客觀上促進了東西方文化上和經濟上的交流，影響深遠。然而亞歷山大死後，他的龐大帝國竟如曇花一現，迅速瓦解。希臘各邦反對馬其頓的戰火復燃，希臘各邦重新陷入長期的內爭外患之中。

↑圖為亞歷山大和他的軍隊進入巴比倫城的情景。

* 西元前314年，希臘埃托利亞（Aetolia）聯盟形成。此聯盟形成後，將馬其頓勢力趕出希臘西部地區和色薩利（Thessaly）。

* 西元前313年，羅馬在彭提亞島建立殖民地，這是羅馬在義大利境外建立的第一個海上基地。

* 西元前306年，馬其頓的德米特里一世（Demetrius I）在賽普勒斯的薩拉米海戰中擊潰托勒密（Ptolemy Soteror）；但托勒密在陸戰中擊退安提柯（Antiochus）的進攻。

* 西元前304年，羅馬第二次薩莫內戰爭結束。羅馬在其占領地區建立殖民地。

* 西元前301年，經過一番征戰，在亞歷山大帝國版圖內正式形成三個獨立王國：馬其頓、托勒密王國和塞琉西王國（Seleucid）。

* 西元前300年，希臘著名數學家歐幾里德（Euclid）著成《幾何原理》。埃及亞歷山大的燈塔建成，燈塔屹立海上，極為壯觀，被認為是古代世界七大奇蹟之一。此燈塔存在1600年之久，14世紀毀於地震。

* 西元前298年，馬其頓王卡山德（Cassander）去世。伊庇魯斯（Epirus）國王皮洛士（Pyrrhus）和德米特里參與馬其頓內戰，皮洛士占領馬其頓一部分。羅馬第三次薩莫內戰爭爆發。薩莫內人得到高盧人、伊達拉里亞人（Etruscans）的援助。

高加米拉會戰

西元前331年，亞歷山大從埃及揮師東進，穿過敘利亞向美索不達米亞進軍。在尼尼微附近的高加米拉（Guagamela）與波斯軍相遇，發生了一次大戰。波斯軍隊由於缺乏戰鬥力而大敗，國王大流士三世戰敗逃走，後來被部將殺死。獲勝後，亞歷山大軍隊迅速占領了波斯首都巴比倫、蘇薩。

高加米拉會戰是亞歷山大東征過程裡，所經歷的眾多大大小小戰役中比較典型的一個，它體現了馬其頓軍隊強大的戰鬥力和亞歷山大本人傑出的指揮才能。

→圖為高加米拉會戰。

《雅典學園》

　　在雄偉莊麗的大廳裡，匯聚著古代希臘最有智慧的人們，他們來自不同時代、不同民族、不同地域、不同學派，但是都是傑出學者、思想家，他們古今同堂，自由熱烈地進行學術討論。

　　這幅畫是文藝復興時期畫家拉斐爾（Raffaello Sanzio）的名作。畫面構圖宏大，視覺中心人物是古希臘哲學家柏拉圖和亞里斯多德。圍繞這兩位大哲學家畫了50多個學者名人，各具身分和個性特徵。他們代表著古代文明中七種自由學術，即語法、修辭、邏輯、數學、幾何、音樂、天文等。畫家藉以表彰人類對智慧和真理的追求，以及對過去文明的讚頌，對未來發展的嚮往。

　　柏拉圖和亞里斯多德兩人彷彿從遙遠的歷史走來，邊走邊進行激烈的爭論。從一上一下對立的手勢，明顯表達出他們在思想上的原則分歧。兩邊的人物成眾星拱月分列兩旁，表情動勢向著兩位爭論學者，有的注目傾聽，有的用手勢欲表達自己的看法。畫幅左面一組的中心人物，是身著長袍，面向右轉，打著手勢闡述自己哲學觀點的蘇格拉底；下面身披白色斗篷，側轉頭冷眼看著這個世界的青年，是畫家故鄉烏爾賓諾（Urbino）的公爵法蘭西斯柯；公爵身後坐在臺階上專心寫作的禿頂老者，是大數學家畢達哥拉斯，身邊的少年在木板上寫著「和諧」和數學比例圖；身後上了年紀的老人，聚精會神地注視畢達哥拉斯的論證，準備隨時記錄下來；那個身子前傾伸首觀看，紮著白頭巾的人，據說是回教學者阿維洛依；畫面左下角趴在柱墩上、戴著桂冠正在專心書寫的人，有人認為是語法大師伊比鳩魯；畫中前景側坐臺階、左手托面、邊沉思邊寫作的人，是唯物主義哲學家德謨克利特；他身後站著一位轉頭向著畢達哥拉斯的人，一手指著書本，好像在證明什麼，他就是修辭學家聖諾克利特斯。畫面中心顯眼處

的臺階上橫躺著一位半裸老人，他是犬儒學派的哲學家狄奧根尼，這個學派主張除了自然需要之外，其他一切都是無足輕重的，所以這位學者平時只穿一點破衣遮體，住在一個破木箱裡。

　　畫的右半部又分為幾組。前景主體一組的中心人物是一位老者，他是幾何學家歐幾里德，正彎腰用圓規在一塊石板上作幾何圖，引來幾位年輕學者的興趣；歐幾里德後面那個背向觀眾手持天文儀的人，是天文學家托勒密；對面的長鬍子老人是梵蒂岡教廷藝術總監、拉斐爾的同鄉勃拉曼特；那個身穿白袍頭戴小帽的是畫家索多瑪，在索多瑪後面只微露半個頭頸，側面看著我們的，就是畫家拉斐爾本人。

↓宏大的場面，眾多的人物，生動的姿態表情，和諧的佈局，變化且統一的節奏，可謂把繪畫創作發展到文藝復興時期的頂峰。此畫表達了作者對雅典輝煌時代的嚮往之情。

- 西元前290年，羅馬最後戰勝薩莫內人，第三次薩莫內戰爭結束。薩莫內人除了以波維亞努姆（Bovianum）為中心的一小部分領土外，其餘領土皆併入羅馬，羅馬取得征服義大利的決定性勝利。
- 西元前287年，羅馬平民獨裁官霍坦西亞（Hortensia）制定法案：公民大會（Comitia Tributa）的決議不需經過元老院的批准而具有法律效力，公民大會從此成為羅馬共和國具有完整立法權的人民會議。此事件象徵著平民爭取政治權利的勝利。
- 西元前285年，德米特里企圖出征小亞細亞，但被塞琉古一世所俘。
- 西元前280年，伊庇魯斯國王皮洛士率軍與羅馬會戰於赫拉克里亞城（Heraclea），羅馬軍敗。
- 塞琉古一世在攻取馬其頓時遭襲擊喪生，其子安條克一世（Antiochus I）即位。安條克一世擊退高盧人對小亞細亞的侵擾，並開始與埃及爭霸。
- 西元前279年，伊庇魯斯國王皮洛士進攻羅馬，兩軍在歐斯庫倫（Asculum）發生第二次大會戰，羅馬再次敗北。
- 西元前274年，伊庇魯斯國王皮洛士侵入馬其頓，驅逐馬其頓王安提柯二世，自稱馬其頓王。

亞歷山大繼承人戰爭

　　亞歷山大的死，成為瓜分他開創的短命帝國所引起的鬥爭信號。希臘南部城邦立即起兵反抗馬其頓，馬其頓軍隊的高級將領們彼此之間也開始進行戰爭。亞歷山大繼承人之間的戰爭，長達40年，腓力二世和亞歷山大相繼開創的事業毀於一旦。繼承人之間的戰爭，以及此後繼承人後裔們之間經常爆發的衝突，使當時的希臘世界處於混亂之中。

「救星」托勒密一世

　　雖然托勒密（Claudius Ptolemaeus）死後，所有的埃及人都奉他為神，但是他年輕時卻只是亞歷山大大帝的一名貼身侍衛。他憑藉自己的才能，很快得到了亞歷山大的賞識，二人遂成為密友。他始終追隨著亞歷山大，曾憑藉戰功成為艦隊司令。

亞歷山大死後，馬其頓帝國四分五裂，在這種混亂的局面下，托勒密顯示出非凡的外交手腕，他獲得了埃及，先作總督，後又稱王。西元前304年，還獲得了「救星」的神聖稱號。由於事先作了周密安排，他去世之後，王位順利地傳給兒子，政權得以平穩轉移，避免陷入當時常見的繼位紛爭。

開疆拓土的塞琉古一世

塞琉古一世（Seleucus I）是塞琉西王朝和亞細亞塞琉西帝國的締造者，曾以亞歷山大部將的身分，參加征服波斯的戰爭。西元前326年率馬其頓步兵進攻印度王波羅斯。亞歷山大死後，他刺殺擔任攝政王的波迪卡斯。馬其頓帝國分裂後，塞琉古成為巴比倫總督，支持安提柯。西元前316年，逃往埃及投奔托勒密，成為托勒密的一員大將。西元前312年，他與托勒密打敗德米特里。西元前305年塞琉古稱王，並逐步將其國土擴展到伊朗東部，最遠到印度。

西元前302年冬，他與卡山德和利西馬科斯（Lysimachus）合作打敗安提柯，並瓜分了安提柯的土地，塞琉古獲得了敘利亞。就在此時，托勒密占領了敘利亞南部，從而引起塞琉西王朝與托勒密王朝之間連綿不絕的戰爭。西元前285年塞琉古俘獲德米特里，粉碎了其征服亞洲的美夢。西元前281年塞琉古吞併利西馬科斯的王國。就在塞琉古企圖重建亞歷山大的帝國時，不幸被刺身亡。

塞琉古是一位精力充沛的君主，他一手創建塞琉西大帝國，使這個帝國擁有最廣闊的領土，在帝國內部，他注重行政管理，建立許多新城。他並鼓勵科學研究，支持人們勘察裏海和恆河。

* 西元前273年，印度阿育王即位為王，孔雀帝國進入極盛時期。
* 西元前264年，羅馬與迦太基（Carthage）之間爆發戰爭，史稱第一次布匿戰爭（Punic Wars）。
* 西元前262年，羅馬打敗迦太基，並奪得阿格利真托（Agrigento）。
* 西元前261年，塞琉西王安條克二世與馬其頓共同對埃及作戰，史稱第二次敘利亞戰爭。印度阿育王征服羯陵伽國（Kalinga），至此除印度半島南端以外，北起喜馬拉雅山，南達邁索爾（Mysore），東連阿薩姆（Assam）西界，西抵興都庫什山，都盡入孔雀帝國的版圖。
* 西元前260年到前256年，在米拉（Mylae）海角戰中，羅馬軍借新式裝備大敗迦太基艦隊。

殺子的利西馬科斯

　　與托勒密一樣，他也曾當過亞歷山大的侍衛，後來成為馬其頓的將軍。亞歷山大死後，他負責統治色雷斯地區。他生性殘暴，一直殘酷地鎮壓當地人民，還兼併了小亞細亞一大片土地。晚年，他偏信第3個妻子的讒言，捏造罪名，殺死了自己的長子阿加索克利斯（Agathokles）。最後在一次與敘利亞人的交戰中喪生。

→皮洛士
的象兵。

皮洛士和羅馬執政官登塔圖斯

↑皮洛士和羅馬執政官登塔圖斯（Dentatus）。登塔圖斯在西元前275年的貝內文托（Beneventum）戰役中使皮洛士遭受重大損失。

　　皮洛士（Pyrrhus）是西元前3世紀伊庇魯斯（Epirus）的國王，一個好戰分子，為了在作戰中取得勝利，甚至不惜任何犧牲和代價。「皮洛士的勝利」一詞，因而成為代價慘重的代名詞。皮洛士之所以連連向外發動戰爭，是因為當時的地中海地區，希臘－馬其頓的實力大為削弱，各政治勢力在軍事上彼此抗衡，尚未出現具有決定性的新霸主。

* 西元前258年，馬其頓安提柯二世在海戰中勝托勒密，奪得基克拉澤群島（Cyclades）。
* 西元前257年，羅馬派遣330艘戰艦，從西西里運兵在阿非加（Africa）實行登陸。越南的安陽王建甌雒國（Au Lac）。
* 西元前256年，羅馬艦隊在西西里南岸埃克諾姆斯（Ecnomus）附近擊敗迦太基艦隊，又在迦太基城東側登陸，羅馬提出苛刻的議和條件，迦太基拒絕。

古希臘的哲學

西元前6世紀，希臘奴隸社會經濟比較發達，在東方埃及和巴比倫的影響下，思想文化得到了迅速發展，從早先的希臘神話中產生了古希臘哲學。古代希臘是西方哲學的誕生地，西方哲學史上各式各樣的思想學說，都可以在古希臘哲學中找到起源。

[→閱讀中的希臘哲人。]

酒神讚歌

　　希臘人是注重現實生活享受的民族，他們經常舉行宴會。西元前7世紀時，人們經常在筵席上即興吟唱一些詩歌，來表達對酒神戴奧尼索斯的尊崇，由此漸漸形成了一種新的詩歌形式──酒神讚歌。一首讚歌創作完成後，就被人們拿到酒神大會上表演：50名男子和男孩組成的合唱隊環繞酒神祭壇翩然起舞，伴著領舞者的舞姿，和著蘆笛的伴奏，長吟低唱。擅長此藝的要屬詩人阿里翁（Arion）和拉索斯（Lasus）。酒神讚歌的時代是希臘抒情合唱詩盛行的時代，為後世的文學藝術提供了豐富的養料。後來，崇拜酒神的儀式傳入羅馬，發展成為酒神節。

↓吟唱酒神讚歌的希臘人。

* 西元前254年,羅馬軍隊在西西里帕勒摩城(Palermo)擊敗迦太基人,北部沿海諸城歸屬羅馬。
* 西元前249年,迦太基人在德里帕納(Drepana)擊敗羅馬艦隊。羅馬人未能從埃里克斯(Eryx)海角趕走迦太基人。
* 巴底亞(Parthian)人起義,殺死希臘總督,建立巴底亞王國。中國史書稱巴底亞王國為安息。

「像狗一樣無恥」的狄奧根尼

　　他是古代希臘犬儒學派的代表人物。他曾在家鄉製造偽幣而被流放,到雅典後向人求教,一改過去的生活方式,成為典型的苦行僧。他常常棲身於大桶或神廟內,用折磨自己肉體的方式來磨練自己的意志。還曾寫過對話、悲劇,但是並沒有流傳下來。他認為人的幸福在於滿足自然欲望,凡是違反簡單、原始欲求的人世習俗都應該棄絕。因此,他被別人說成「像狗一樣無恥」。但是他的學說在當時還有一定的進步意義,對後世學者具有相當程度的影響。

[↑圖為一些德魯伊。]

德魯伊

　　基督教在歐洲廣泛傳播以前，在希臘文明沒有到達的地方，西歐人生活在黑暗蒙昧之中。但是這些茹毛飲血的傢伙也產生了自己的原始宗教，古代凱爾特人（Celt）還有了自己的祭司——德魯伊（Druid）。他們充當著教師和法官的角色，所傳播的教義是靈魂不死，人死後則靈魂轉投。他們還保留著原始的陋俗「獻人祭」，就是把活人裝入人形柳條籠子內，加以焚燒。被裝進籠子內的人多為罪犯，但有時也有無辜的人。這個階層到西元兩、三百年後才不再從事宗教活動。在當時世界文明的舞臺上，西歐人還沒有登臺出場。

* 西元前247年，巴底亞亞薩息二世（Arsaces II）即位。
* 西元前246年，塞琉古安條克二世去世，其子塞琉古二世即位。同年第三次敘利亞戰爭爆發。
* 埃及托勒密三世即位。在第三次敘利亞戰爭中，奪得敘利亞及小亞細亞南部的沿海地區。
* 西元前241年，羅馬軍終於打敗了迦太基艦隊。第一次布匿戰爭結束。
* 西元前237年，迦太基將軍哈米爾卡‧巴卡（Hamilcar Barca）征服西班牙，並試圖以西班牙為基地進而戰勝羅馬。
* 西元前229年，希臘爆發第一次伊利亞（Elea）戰爭。

希臘雕像

↑希臘藝術家正在進行藝術創作的情景。

　　希臘地區盛產石料，因此希臘人也很善於與石頭打交道，他們不僅用石頭蓋起了舉世聞名的帕德嫩神廟，更用石頭雕刻出了一件又一件精美絕倫的藝術傑作，斷臂維納斯只是成千上萬座精美佳作之一而已。

希臘陶器

　　希臘陶器是希臘的主
要古代藝術之一，其發展
源於邁錫尼文明，產生於
西元前10世紀，它的鼎盛
時期則出現在西元前5世
紀前後，希臘人把戰爭、
神話以及他們的日常生活
作為主題，創作出許多精
美絕倫的藝術佳作。其造
型與裝飾的內在美，在古
希臘藝術中占有非常重要
的地位。

* 西元前228年，迦太基駐西班牙軍隊統帥哈米爾卡去世，由其女婿哈斯杜路巴（Hasdrubal）繼任。
* 西元前222年，羅馬攻克山南高盧（Cisalpine Gaul）主要據點米狄奧蘭（Mediolanum），山南高盧各部落歸屬羅馬，其領土成為羅馬行省。
* 西元前221年，馬其頓安提柯三世去世，腓力五世即位。迦太基駐西班牙軍隊統帥哈斯杜路巴被殺，哈米爾卡之子漢尼拔（Hannibal Barca）繼任統帥。漢尼拔是古代世界傑出的戰略家之一，在第二次布匿戰爭中顯示出卓越的軍事才能。
* 埃及托勒密四世即位。托勒密四世在拉斐亞城（Raphia）大敗安條克三世。塞琉西與埃及發生第四次敘利亞戰爭。
* 西元前219年，馬其頓腓力五世煽動希臘同盟集會於科林斯，向埃托利亞同盟宣戰。埃托利亞人與斯巴達結盟。
* 斯巴達的反馬其頓派試圖從埃及召回克萊奧梅尼（Cleomenes）。後來克萊奧梅尼被殺身亡，斯巴達恢復了二王制。

早期的阿拉伯人

　　7世紀30年代統一的阿拉伯國家出現以前，在阿拉伯半島相繼產生多個古代國家，主要有馬因王國、薩巴王國、希木葉爾王國、納巴泰王國、巴爾米拉王國、希拉王國和安薩王國。他們興修水利，從事農業生產，開展貿易，取得了較高的文明成就，甚至發展出自己的文字，這種文字還被後來的《古蘭經》所使用。那時的阿拉伯人非常尚武，多次與異國開戰。

[↓阿拉伯人和他們的生活環境。]

↑這幅作品表
現的就是悠閒
的希臘人在音
樂聲中午後小
憩的情景。

↓圖為菲洛皮
門。

希臘人午後小憩

希臘地區土地貧瘠，早期希臘人生活非常艱苦，絕大部分的時間都在種植糧食，很多從邁錫尼傳承下來的技藝因此逐漸失傳。後來，希臘人學會了航海，並與地中海其他民族貿易，開始富裕起來，因此有更多的時間學習研究。哲學、科學、文學藝術，成為富裕起來的希臘人生活中不可缺少的組成部分。

打敗斯巴達軍隊的菲洛皮門

菲洛皮門（Philopoemen）是西元前3世紀後期，希臘亞該亞聯盟（Achaean League）的將軍。亞該亞聯盟是希臘一些小城邦組成的軍事同盟。菲洛皮門任該同盟司令期間，曾經打敗過埃托利亞人。稍後，他還借鑑並採用馬其頓軍隊發展起來的重型甲冑和方陣戰術，擊潰了雄風猶存的斯巴達軍隊。在西元前206年到西元前200年間，把斯巴達軍隊趕出了邁錫尼，後來還殲滅了斯巴達名將納比斯（Nabis）率領的陸軍。從此，他掌握了亞該亞聯盟的主導權。西元前182年，他79歲時被人下毒害死。

* 迦太基主將漢尼拔占領羅馬的盟邦薩干坦（Saguntum）。羅馬令迦太基退出，迦太基拒絕，羅馬對迦太基宣戰。
* 西元前218至前201年，羅馬和迦太基之間發生了第二次布匿戰爭。
* 西元前216年，羅馬執政官瓦羅（Caius Varro）與迦太基決戰於坎尼（Cannae），漢尼拔以劣勢兵力戰勝羅馬軍。羅馬陷入困境。迦太基與馬其頓、敘拉古（Syracuse）結盟。
* 西元前215年，馬其頓與羅馬發生戰爭，史稱第一次馬其頓戰爭。

羅馬元老院

　　直到約西元前509年，羅馬的統治者是國王。後來，最後一個國王被趕出羅馬城，羅馬成了一個共和國。羅馬共和國由元老院統治，元老院議員來自城中最顯赫的家庭。在元老院的領導下，羅馬人逐漸征服了整個義大利。

↑羅馬元老院在召開會議。

羅馬的崛起

　　羅馬強大後成了義大利的主人，引起它和西地中海另一個強國迦太基的衝突。經過三次布匿戰爭，羅馬吞併了迦太基，還侵占了其他廣大地區，到西元前2世紀後半葉，羅馬已是地中海世界獨一無二的霸主。羅馬向義大利境外的大舉擴張，改變了義大利的社會面貌，特別是刺激了亞平寧半島奴隸制經濟的發展。

←一位站在一幅壁畫前的羅馬婦女。

羅馬雕塑

羅馬藝術與希臘化晚期的藝術具有直接的關係。由於羅馬軍隊不斷獲勝，被劫掠到羅馬的無數希臘藝術珍品，被用來裝飾公共廣場、別墅和花園。大批藝術家、學者和詩人也在淪為奴隸之後來到義大利，為那些壓迫他們的人擔任教師和師傅。因此，羅馬無須再促進自身藝術的發展，而是喜愛上了希臘藝術各個發展階段的原作及其複製品。

↑圖為羅馬時期的雕塑工作室，藝術家正在向他的訂戶展示作品。

一直到帝制時代，羅馬的藝術才有了新發展，逐漸擺脫了它與希臘老師們的聯繫。雖然希臘風格仍然在繼續，但此時藝術的目標已經走上了全新的道路。人們讓藝術與現實發生直接聯繫，使之服務於促進文明和政治。肖像藝術不再是追求永恆的理想化人物典型，而是探索歷史人物的個性。

荷拉第兄弟的宣誓

這幅畫所代表的具體故事已不重要，它呈現出羅馬青年為了祖國而犧牲的大無畏精神。年邁的荷拉第（Horatii）舉起右手表示祝願，祝福他們旗開得勝。

* 西元前212年，希臘著名科學家阿基米德（Archimedes）被羅馬人所殺。阿基米德在數學、力學和物理學方面具有重大貢獻。羅馬圍攻與迦太基結盟的卡普亞城（Capoue）。
* 西元前211年，羅馬人組成由埃托利亞人所領導，包括色雷斯人、伊利里亞人（Illyrian）的同盟，反對馬其頓腓力五世。羅馬把戰爭轉到西西里和西班牙，敘拉古為羅馬所征服。
* 迦太基主將漢尼拔率軍逼近羅馬城以解卡普亞之圍。羅馬城堅守不下，漢尼拔不得不撤軍。卡普亞向羅馬投降。

羅馬對迦太基人的戰爭

　　{第一次}羅馬和迦太基於西元前279年結盟共同反對皮洛士。戰勝皮洛士之後，形勢陡然變化，共同的敵人已不復存在，往日的同盟者卻發現彼此隔著一條狹窄的海峽兩軍對峙。兩國為了爭奪西部地中海霸權的戰爭，已不可避免。西元前241年，迦太基失敗。雙方訂立和約，規定：西西里島及與義大利之間的所有島嶼讓給羅馬；迦太基賠款3200塔蘭特（talent），10年內償清。

　　{第二次}西元前219年，迦太基的將軍漢尼拔一舉攻占薩貢托（Sagunto），羅馬人出面干涉，且以戰爭相要脅，但雙方均無意退讓，第二次布匿戰爭爆發。漢尼拔想借助有利的軍事形勢組織反羅馬同盟，使羅馬陷於孤立。羅馬處境危險，為了避免決戰發生，一方面積蓄力量，準備於有利時機進行反攻，另一方面則對背離的義大利人加以懲罰，以防止更多的「同盟者」倒向漢尼拔。戰爭正朝著有利於羅馬的方向轉化。西元前210年，羅馬派大西庇阿（Scipio the elder）率軍進攻西班牙。次年，羅馬人占領新迦太基。這時斷了後路的漢尼拔獨處南義大利一隅，期待迦太基本土給予支援而不可得，其妹夫哈斯杜路巴從西班牙率軍前來支援，又在義大利北部被殲滅，叱吒風雲的漢尼拔再也沒指望了。西元前202年在撒馬附近展開的決戰中，大西庇阿利用有利地勢，並得到努米底亞（Numidia）騎兵隊襄助，終於勝利。這是漢尼拔的第一次、也是最後一次失敗。

　　{第三次}經歷了兩次失敗的迦太基，軍事力量受到嚴重打擊，

但經濟實力並沒有被摧毀，半個世紀之後逐漸從戰爭的創傷中恢復過來。這引起了羅馬統治者的恐慌，為防止迦太基的東山再起，在西元前149年到前146年，藉口發動了第三次布匿戰爭。羅馬派8萬步兵、4千騎兵、6百艘戰艦在非洲登陸。迦太基人為保衛祖國奮起抗戰，全城人民同仇敵愾，頑強抵抗。第三年，迦太基城內發生饑饉和瘟疫，在力盡糧絕的情況下被羅馬攻陷，居民被賣為奴隸。歷史名城迦太基城付之一炬，迦太基地區被羅馬劃為「阿非利加」省。

名將漢尼拔

他是迦太基軍隊的統帥，也是世界戰爭史上的名將。他曾經率軍跨越天險阿爾卑斯山，奇蹟般地到達義大利平原，進攻到羅馬城下。他的軍隊縱橫亞平寧半島十幾年，屢戰屢勝，如入無人之境，幾乎將羅馬滅掉。但是撒馬一戰，他嘗到了一生中唯一的失敗滋味，這次的失敗也導致了迦太基的一蹶不振。西元前207年，漢尼拔的妹夫哈斯杜路巴率領部隊支援他，卻在義大利被殲滅，首級也被羅馬人割下。羅馬人將頭顱送交到漢尼拔面前以打擊漢尼拔的信心。

→漢尼拔看到哈斯杜路巴頭顱時悲傷惶恐的表情。

→ 西元前207年，斯巴達驅逐了貴族和大地主，平分其財產，釋放希洛人，並分配其土地，建立強大的雇傭兵。羅馬獲悉哈斯杜路巴與漢尼拔的會師路線後，在美陶魯斯河（Metaurus River）奇襲哈斯杜路巴，哈斯杜路巴被殺。小西庇阿（Scipio the Younger）征服整個西班牙。

→ 西元前202年，撒馬（Zama）之戰，漢尼拔的迦太基軍被羅馬軍打敗。

→ 西元前201年，迦太基與羅馬締結和約：迦太基交出西班牙和地中海所屬島嶼、一切戰艦和戰象；在50年內支付鉅額賠款；未經羅馬允許不得對外進行戰爭。第二次布匿戰爭結束，羅馬稱霸西地中海。

打敗漢尼拔的大西庇阿

他是羅馬共和國時期的偉大人物，狙擊增援漢尼拔的迦太基援兵，在撒馬之戰中，打敗從未嘗過失敗滋味的漢尼拔，使羅馬獲得完全勝利，戰火延燒多年的布匿戰爭也宣告結束。為了表彰其功勳，羅馬授以「阿非利加征服者」（Africanus）的稱號。西元前199年大西庇阿任監察官，成為首席元老。

[→一名羅馬軍人胸像。]

←一位即將奔赴前線的羅馬軍人正向他熟睡的情人默默告別。

羅馬的軍事制度

　　羅馬的軍事制度及組織極為嚴密和完善。羅馬軍團約有6千多人，分成30個連隊，每個連隊又分成2個百人隊。軍團指揮官是6名軍團長官，百人隊長官為百人隊長，每個連隊第一名百人隊長兼任該連隊長。征服義大利後，同盟者也為羅馬提供軍隊，編為輔助部隊，協同作戰。羅馬軍隊紀律嚴明，訓練有素，裝備精良。他們每到一地，即使只過一夜，也必造標準的營地。營地格局固定，周圍挖壕築牆，防守嚴密。戰鬥時，他們一般採用三列隊陣式，靈活多變，優於希臘人的方陣。他們賞罰分明，對臨陣脫逃的隊伍執行「十一抽殺律」，所以羅馬軍隊擁有極強的戰鬥力。

* 第五次敘利亞戰爭爆發。埃及尼羅河三角洲爆發人民起義。
* 西元前200年，雅典、埃托利亞聯盟因受馬其頓威脅，向羅馬求援。羅馬也恐馬其頓勢力日益強大，於是對其宣戰，第二次馬其頓戰爭爆發。
* 西元前197年，羅馬煽動希臘人擺脫馬其頓的控制，並聯合希臘諸邦大敗馬其頓軍。馬其頓王率殘部回國，遣使與羅馬議和。第二次馬其頓戰爭結束。
* 西元前196年，馬其頓與羅馬訂立和約：承認希臘各邦獨立；賠鉅款；交出艦隊；未經羅馬允許，不得對外作戰。

羅馬士兵摧毀迦太基城

西元前149年，羅馬出兵8萬餘人圍攻迦太基城。迦太基人同仇敵愾，奮勇抵抗，各家各戶捐出所有金屬製品鑄成兵器，婦女們甚至剪下頭髮作為弓弦。迦太基城在弓林矢雨中挺立了兩年。後來，羅馬新任執政官小西庇阿親自率軍加強圍攻，又斷絕了迦太基人與外界的聯繫，致使城內發生饑荒，才將其攻克。破城後，羅馬士兵為了報復迦太基人的殊死抵抗，在他們的土地上撒上鹽，使之寸草不生，徹底摧毀了這座歷史名城。

→ 正在攻城的羅馬士兵。

↓羅馬的決策者正在商談國家大事。

→ 塞琉西安條克三世占領南部敘利亞、小亞細亞南岸的埃及領土和以弗所（Ephesus）等地，並越過赫勒斯滂占領色雷斯沿岸城市，與東侵的羅馬軍隊發生衝突。

→ 迦太基漢尼拔當選執政官，他改組了元老院，並進行財政制度等方面的改革。

→ 西元前195年，羅馬遣使至迦太基，要求交出漢尼拔。漢尼拔前往塞琉西尋求庇護。

→ 埃及托勒密五世鎮壓了人民起義。

→ 西元前194年，燕人衛滿奪得古朝鮮政權，自立為王。

羅馬改革家格拉古兄弟

　　格拉古（Gracchus）兄弟是西元前2世紀羅馬的改革者。兄弟倆都受過希臘啟蒙主義新思想的教育，曾經利用保民官的職位和羅馬共和國公民大會的立法權力，發動了羅馬革命。哥哥提比略（Tiberius）制訂了一項把公有土地重新分配給無地農民的法案，但在一次公民大會

上，被反對派用棍棒活活打死。哥哥死後，弟弟蓋約（Gaius）和哥哥一樣，具有不惜一切代價維持正義的堅定信心，西元前121年，在一次武裝衝突中，由於力量不敵對手被迫退到羅馬平民的傳統避難地阿芬丁山丘（Aventine Hill）。當時手中只有一把短劍的蓋約力求議和，但執政官奧比米烏斯（Opimius）拒絕和談，並組織全副武裝的軍隊攻打阿芬丁山丘。隨後發生了大屠殺，蓋約自殺身亡。儘管如此，他所提出的法案大多被保留下來，他的計畫成為後來羅馬政治活動的基礎。這幅畫表現的就是這個事件。

格拉古兄弟的母親柯妮利亞

格拉古兄弟的母親柯妮利亞（Cornelia）也是羅馬改革家，她是位文化修養極高的女性，以教子有方而名揚青史。西元前121年，蓋約被殺後，她隱居米塞農（Misenum）。這幅畫表現柯妮利亞拒絕前來邀請格拉古兄弟作埃及皇帝的人。

- 西元前192年，斯巴達王納比斯被謀殺，羅馬迫使斯巴達加入亞該亞聯盟。塞琉西安條克三世支援埃托利亞對羅馬宣戰。
- 西元前179年，馬其頓腓力五世去世，其子柏修斯（Perseus）即位。
- 西元前171年，馬其頓王柏修斯仇恨羅馬，他在羅馬的敵人中尋求同盟者，羅馬向馬其頓宣戰，第三次馬其頓戰爭爆發。巴底亞王國米特里達特一世（Parthian I）即位後，立刻對塞琉西王國進行戰爭。其領土擴張到伊朗西部，至兩河流域以北。
- 西元前149年，冒充柏修斯之子的安德里斯克斯（Andriscus）發動反羅馬的起義，史稱第四次馬其頓戰爭。羅馬根據保民官路克優斯·卡爾普尼烏斯·派索（Lucius Calpurnius Piso）制定的《卡爾普尼亞法》（Lex Calpurnia），設立專門審理行省總督非法徵收的委員會。羅馬出兵北非，進攻迦太基，第三次布匿戰爭爆發。

在鬥獸場旁
觀看軍隊凱旋

羅馬軍隊每次取得勝利後，都要舉行隆重的凱旋遊行儀式。這種遊行當然要在市區中最繁華熱鬧的地段舉行。這幅圖刻畫的是一名羅馬婦女正在觀看凱旋的羅馬士兵，遠處的背景為鬥獸場一角。由此可見羅馬的角鬥風氣之盛，它已經成為羅馬人最重要的娛樂活動。當然，能夠欣賞角鬥這種血腥表演的觀眾，是不會付出自己生命的。

滅掉迦太基的小西庇阿

他是古羅馬統帥，大西庇阿長子的養子。西元前147年任執政官，次年率軍進攻迦太基本土，圍困迦太基城並迫其投降，結束第三次布匿戰爭，西元前134年後再任執政官，率軍入侵西班牙。他還注意保護和獎掖希臘文化。

↑圖中站立的年輕將軍為小西庇阿。

羅馬人的城鎮

新的住宅區在羅馬兵營和堡壘附近不斷出現，新的城鎮在國內也不斷修建起來。羅馬的城鎮規畫得非常好，除了有住房、公寓樓、商店和飯店外，還有非常漂亮的公共建築，例如神廟和浴室。城鎮裡大多數人住在擁擠的公寓樓房，富人卻擁有寬敞的房屋和陰涼的花園，他們的房屋內部富麗堂皇，有些甚至有地下中央供熱系統和自己的供水系統。

↑一名羅馬的建築師。

* 西元前148年，馬其頓安德里斯克斯領導的起義被羅馬鎮壓，馬其頓成為羅馬的一個行省。第四次馬其頓戰爭結束。
* 西元前146年，希臘科林斯城被羅馬所毀，羅馬將希臘置於馬其頓總督的監督之下。羅馬在希臘的統治開始確立。迦太基城被羅馬攻克，其所屬地區劃為羅馬的阿非利加省。
* 西元前142年，猶大（Judas）之弟西門・馬加比（Simon Maccabees）領導的起義軍重新占領了耶路撒冷，宣告獨立。
* 西元前132年，羅馬派兵攻克西西里奴隸起義中心城市恩那城（Enna），西西里第一次奴隸大起義被鎮壓。
* 西元前121年，高盧（Gaul）南部被羅馬征服。

馬略的軍事改革

馬略（Caius Marius）是西元前2世紀和前1世紀之交的羅馬軍事將領和改革家。他出身平民，所受教育不多，很早就參加軍隊。曾當過保民官、大法官，出任過西班牙總督。由於長期從軍，馬略不僅接近士兵，在士兵中享有威信，而且瞭解羅馬軍事的優劣。

在朱古達（Jugurtha）戰爭中，特別是在和日耳曼人大規模的交戰中，馬略取得了大勝利。繼而他又破格連任四次執政人，成為羅馬政治舞臺上的重要人物。馬略獲得的成就，與他實行的軍事改革分不開。馬略的軍事改革，在當時發揮廣開兵源和提高戰鬥力的作用，但也帶來了深遠的消極後果：軍隊中的職業兵，很容易成為將軍的私有物。「將可私兵」，為日後的軍事獨裁準備了條件。

[↓馬略胸像。]

←馬略打
敗日耳曼
人後的凱
旋情形。

* 西元前120年，羅馬著名史學家波利比奧斯（Polybius）去世，著有40卷《通史》。
* 西元前105年，日耳曼森布里族（Cimbri）擊敗了卡埃皮奧（Caepio）率領的羅馬軍。
* 西元前101年，羅馬西西里奴隸起義領袖阿鐵尼奧（Athenion）戰死，起義軍慘遭鎮壓，多數起義者被釘死在十字架上。馬略在義大利北部擊敗森布里人。
* 西元前100年，羅馬保民官薩特寧（Saturninus）重新提出土地法和糧食法，遭到元老貴族和騎士的反對，馬略害怕失去騎士支持，背叛了改革運動，薩特寧在與反對派的衝突中遇害。
* 西元前90年，羅馬由於同盟戰爭，核准一項新法：把公民權授予所有仍然忠於羅馬的義大利人。
* 西元前82年，蘇拉軍隊攻入羅馬城，元老院宣布其為終身獨裁者。蘇拉大殺政敵，恢復第一次進軍羅馬時所公布的一切法律。

羅馬城裡最令人恐懼的人物蘇拉

西元前88年，蘇拉（Sulla）當選為羅馬執政官，與馬略發生了激烈衝突。結果，馬略出逃。蘇拉掌權後，實施獨裁統治。其後，馬略東山再起，兩人再起干戈。西元前82年，馬略病故。同年，蘇拉攻入羅馬，大肆屠殺馬略餘黨，羅馬城內一時籠罩在血雨腥風中，蘇拉從此獲得至高無上的權力。西元前79年，他在一次公民大會上突然宣布放棄所有的權力；蘇拉的引退，是一個歷史之謎。第二年，蘇拉病死，但其黨羽憑藉他的餘威依然控制著羅馬，這種黑暗僵死的局面直到斯巴達克思起義時才被打破。

[↓蘇拉半身像。]

斯巴達克思起義

　　西元前73年，為了改變悲慘的命運、爭取應得的自由，羅馬的角鬥士奴隸斯巴達克思（Spartacus）發動了一次奴隸起義。一路上起義軍多次打敗了羅馬軍隊，隊伍發展到12萬人左右。西元前71年春，起義軍和羅馬軍隊在阿普利亞（Apulia）境內展開激戰，起義軍因師旅疲憊而戰敗。斯巴達克思身先士卒，奮勇殺敵，直到壯烈犧牲。約6萬名起義軍將士戰死，6000名被俘官兵全部被釘死在卡普亞到羅馬大道兩邊的十字架上。

　　雖然起義失敗，但起義軍表現出為自由獻身的英雄氣概，在歷史上留下光輝一頁。起義劇烈地動搖羅馬奴隸制基礎，加速羅馬共和國的滅亡。

拇指向下

　　參加角鬥戲的都是奴隸，角鬥士的義務是要用自己的生命來取悅羅馬公民，他們的權利是可以選擇死在這次，或是下次。

在這幅畫裡，角鬥即將結束，勝利者已經將奄奄一息的失敗者踩在腳下。他抬起了頭，望著觀眾席上的男男女女，等待著他們的決定。他們的拇指向上，他腳下的同伴可以免於一死；然而所有的拇指都朝下……。也許下一次，他的身體也會被別人踩住，等待著那些拇指的判決。

* 西元前80年，馬略黨人塞多留（Sertorius）在西班牙舉行反對蘇拉的武裝起義，並組建政權。
* 埃及托勒密十世即位，但隨即被殺。托勒密十一世即位。南部埃及以底比斯為中心爆發了大規模奴隸起義。起義者堅持了3年之久，後來被鎮壓。
* 西元前79年，羅馬蘇拉放棄終身獨裁官之職。
* 西元前73年，羅馬爆發歷史上規模最大的一次奴隸起義——斯巴達克思起義。
* 西元前63年，羅馬激進派領袖喀提林（Cataline）提出反對元老寡頭政治的主張，得到城市下層平民和退休士兵的支持。喀提林組織農村平民起義，遭西塞羅（Marcus Tullius Cicero）鎮壓，喀提林逃往伊特魯里亞（Etruria），其部眾被處死。
* 羅馬軍隊攻占耶路撒冷，劃巴勒斯坦為羅馬行省，設總督統治。

以身殉國的小加圖

　　小加圖（Cato）是羅馬共和國末期保守的元老院貴族黨領袖。西元前79年參軍，與斯巴達克思起義軍作戰。西元前62年當選為保民官，龐培（Pompey）、凱撒（Caesar）和克拉蘇（Crassus）由於小加圖的反對，而在西元前60年聯合起來，建立所謂「前三頭同盟」。小加圖在西元前56年回到羅馬，繼續與「前三頭同盟」展開鬥爭。內戰爆發後，小加圖聯合龐培對抗凱撒。法薩盧斯（Pharsulus）戰役失敗後，小加圖率部分殘軍逃往阿非利加。當共和派的軍隊在塔普蘇斯（Thapsus）被徹底打敗後，他讓部下從海上逃遁，而自己則以身殉國。

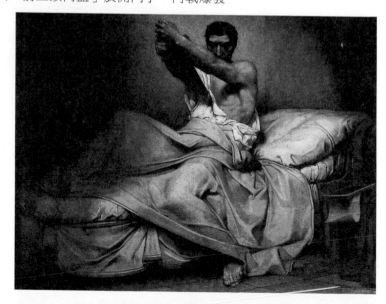

凱撒征服高盧

　　西元前58年到西元前51年，凱撒率羅馬軍團先後八次遠征高盧，最終征服了整個高盧地區。

[←圖為凱撒與他的部下在高盧的情景。]

凱撒與克麗奧佩特拉

　　凱撒在擊敗龐培後，渡過地中海到達埃及，消滅了企圖叛亂的埃及軍隊和忠於龐培的羅馬駐軍後，凱撒支持埃及國王托勒密的姐姐克麗奧佩特拉（Cleopatra）成為埃及唯一國王。

* 西元前61年，羅馬凱撒出任西班牙總督。
* 西元前60年，凱撒與龐培、克拉蘇結成「前三頭同盟」。
* 西元前58年，凱撒出任高盧總督。
* 西元前58年，在比布拉克特（Bibracte）交戰中，凱撒的4個軍團擊敗了當時人數最多的部落——海爾維第人（Helvetii）。
* 西元前57年，凱撒進攻高盧境內的克勒特和日耳曼諸部落。
* 西元前56年，羅馬「前三頭同盟」達成新的協定。
* 西元前55年，凱撒率軍侵入不列顛，遭到當地人民反抗，只好返回高盧。
* 西元前54年，凱撒再征不列顛。
* 西元前53年，羅馬前執政官克拉蘇率領羅馬軍團在美索不達米亞與巴底亞人交戰，全軍覆沒，克拉蘇戰死。

提布盧斯與戴利婭

　　提布盧斯（Albius Tibullus）是羅馬詩人。他的初戀成為他第一卷詩的主題，戴利婭（Delia）是有夫之婦，他顯然趁她丈夫外出服役時建立起與戴利婭的關係，這種關係在那軍人返回後仍祕密維持著。後來提布盧斯發現戴利婭既接待他，又接待其他情人，在經過一陣無效的抗議之後，決定停止追求她。由於他的詩具有純樸的田園風味，雅致、柔情、以及感情和表達上的細膩，讓他在羅馬眾哀歌詩人中顯得鶴立雞群。他現存的詩作《提布盧斯》，同時也是一份獨特和有魅力的文獻，反映出奧古斯都（Augustus）時代的羅馬文學生活。

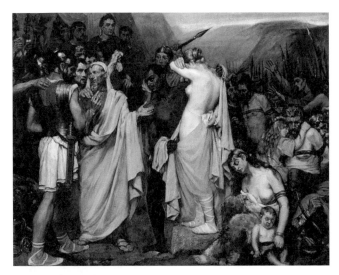

←西元前57年到前51年，凱撒率羅馬軍隊征服了高盧北部，即現在比利時境內的凱爾特人。

獨裁者凱撒

　　凱撒出身於軍旅，建立起一支強大、忠實的軍隊。西元前60年，凱撒與龐培、克拉蘇結成了相互支持、共掌羅馬實權的祕密政治同盟——「前三頭同盟」。為了加強和提高在同盟中的地位，由凱撒出任南高盧總督，並以此為基地，向南高盧大舉擴張。他以6個軍團為後盾，採取分化瓦解、拉攏打擊、步步蠶食等策略，到西元前56年，已征服了高盧大部分地區，並獲取大量財富，實力驟然增加。西元前55年，凱撒又越過萊茵河，侵入日耳曼地區。其後，他又借用日耳曼騎兵的力量，將高盧人的起義鎮壓下去；到西元前51年，併吞了高盧全境。由此，羅馬的勢力伸向了富饒的高盧地區。成功征服高盧，加上克拉蘇已死，凱撒的勢力大大增強，不久便與龐培發生了直接衝突。西元前49年，他渡過了盧比孔（Rubicon）河，在一系列輝煌戰役中擊潰了龐培指揮的元老院軍隊，成為羅馬無可爭辯的主人。

　　後來凱撒的一系列措施為忠實於共和傳統的政敵所不容，於是在西元前44年，他們暗殺了凱撒。凱撒的養子屋大維（Gaius Julius Caesar Octavianus）在與競爭對手安東尼（Marcus Antonius）經過13年戰爭後勝出，成為羅馬的第一任皇帝。

* 西元前52年，凱撒鎮壓了高盧人的起義。
* 西元前51年，克拉蘇死後，龐培與凱撒之間的矛盾激化。「前三頭同盟」破裂。
* 西元前49年，凱撒進攻羅馬，羅馬內戰爆發。
* 西元前49年，龐培以元老院的名義解除凱撒的兵權，凱撒率兵占領羅馬後，被宣布為獨裁者。
* 西元前48年，龐培與凱撒在法薩盧斯進行大決戰，凱撒獲勝。
* 西元前47年，羅馬軍隊進攻埃及，在三角洲一役戰勝埃及，埃及降服。
* 埃及的克麗奧佩特拉與其弟托勒密十三世共同統治埃及。

布魯特斯

　　布魯特斯（Marcus Junius Brutus）是羅馬共和派的領袖，他不僅策畫暗殺凱撒，還與安東尼、屋大維、雷比達（Marcus Lepidus）三人所結成的「後三頭同盟」進行了鬥爭。西元前42年，他在菲利比（Philippi）戰役中敗給安東尼和屋大維後，自殺身亡。

凱撒驅趕元老院成員

　　征服高盧全境後，凱撒贏得了豐厚的政治資本，攫取了羅馬的最高統治權，與政敵龐培和元老院進行了殊死鬥爭。西元前45年，凱撒打敗龐培，成為集軍事、司法、宗教於一身的無冕之王。他還進行了適應羅馬社會發展的改革，否定羅馬狹隘的城邦共和制，並限制元老院權力，招致了共和派的仇恨。

[↑ 圖為凱撒派兵驅趕元老院成員。]

凱撒遭到暗殺

　　西元前44年3月15日清早，凱撒走進元老院的龐培議事廳內，一人走到他面前，佯裝為自己的兄弟請願。當凱撒正為這莫名其妙的糾纏感到意外時，那人忽然發出暗號，頓時，四面八方都有刀劍向凱撒刺來。凱撒流著血，憤怒地喊著。當他看到自己最信任的布魯特斯也持刀向他一步步走來時，驚惶地喊道：「布魯特斯，連你也這樣嗎？」說完，他用衣襟蒙住自己的頭，倒在血泊之中。

* 西元前46年,凱撒進軍埃及鎮壓龐培餘部,獲勝,返回羅馬,慶祝第四次凱旋。
* 西元前45年,凱撒完全消滅了龐培的勢力。
* 西元前44年,凱撒被宣布為終身獨裁者。凱撒被刺身亡。埃及女王克麗奧佩特拉殺其弟托勒密十三世。
* 西元前43年,屋大維進軍羅馬,與安東尼、雷比達結成「後三頭同盟」。
* 西元前42年,「後三頭同盟」為凱撒立廟。屋大維和安東尼在希臘北部擊敗共和派。
* 西元前40年,「後三頭」締結協議,重新劃分勢力範圍。
* 西元前38年,屋大維與龐培之子進行戰爭,企圖占領西西里島,未果。
* 西元前37年,屋大維繼續對龐培之子作戰。

克麗奧佩特拉與安東尼的婚姻

　　凱撒死後,他原來的部將安東尼成為羅馬統帥。克麗奧佩特拉為穩定和擴大自己的統治,使出了聯姻這一古老的政治同盟手段,與他結了婚。婚後,安東尼把羅馬統治下的敘利亞中部、腓尼基沿岸城市、賽普勒斯等

地贈與了他的新婚妻子。這一舉動遭到羅馬元老院的強烈反對，他們宣布安東尼為「祖國的敵人」，屋大維更是乘機與他兵戈相見，最後並戰勝了他，成為羅馬的最高統治者。

克麗奧佩特拉之死

克麗奧佩特拉色誘屋大維未果後，聽說自己將被押回到羅馬遊街，便萌生了自殺的念頭。當時埃及人的觀念認為，凡被毒蛇咬死的人，將流芳百世。她在絕望之際讓毒蛇咬死了自己，一代豔后就這樣香消玉殞。

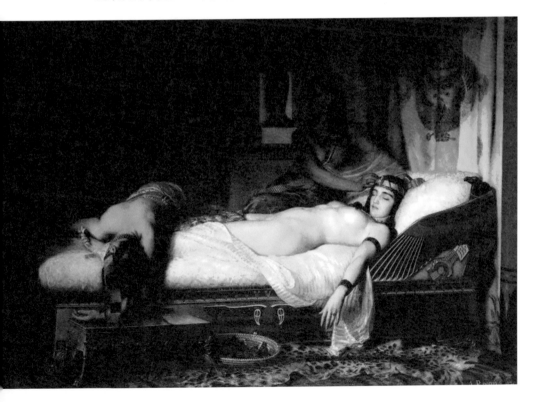

* 西元前36年，屋大維擊潰龐培的艦隊，並奪取了雷比達的軍隊及其統治的行省。安東尼與埃及女王克麗奧佩特拉結婚。
* 西元前34年，安東尼將羅馬領土當作自己的財產贈與埃及女王。
* 西元前32年，安東尼被剝奪一切職務。羅馬向埃及宣戰。
* 西元前31年，屋大維在亞克提姆（Actium）海戰中擊潰了安東尼、克麗奧佩特拉。屋大維連任羅馬執政官。
* 西元前30年，屋大維進軍埃及。安東尼自殺。克麗奧佩特拉自殺，埃及托勒密王朝滅亡。占領埃及後，羅馬進入帝國時代，成為橫跨歐、亞、非三大洲的大帝國。
* 西元前29年，屋大維成為羅馬擁有無限權力的統治者。

「奧古斯都」屋大維
羅馬帝國第一位皇帝

西元前27年，元老院授與屋大維「奧古斯都」的尊號，於是屋大維確立了個人的專制統治，羅馬共和國宣告覆亡，羅馬從此進入奴隸制帝國時代。

奧古斯都創建的政治制度，史稱「元首制」，實際上是披著共和外衣的帝制。他的統治期長達40多年，把萊茵河、多瑙河、幼發拉底河等流域定為國境線，加固防守。還用漂亮的建築物來裝飾羅馬城，建設了四通八達的道路網，同時繼承了凱撒的改革事業。

[↓圖為屋大維接受觀見之後的情形。]

高盧婦女和羅馬婦女交談

　　隨著羅馬對高盧的征服，羅馬文化對高盧各方面影響很大，高盧逐漸羅馬化，這幅畫表現的就是這個內容，羅馬婦女正在向這位高盧婦女解釋著什麼，高盧婦女靜靜地在聽。羅馬城，建設了四通八達的道路網，同時繼承了凱撒的改革事業。

* 西元前27年，羅馬元老院授予屋大維「奧古斯都」的稱號（意即「神聖」），確立了絕對專制的元首制。
* 西元前19年，羅馬著名詩人維吉爾（Virgil）去世。他著有著名的史詩《伊尼亞德》（Aeneid）。
* 西元前後，朝鮮半島先後出現高句麗、新羅、百濟三個奴隸制國家，呈鼎足之勢，史稱「三國時代」。
* 西元前12年至西元5年，羅馬軍隊經過一系列征伐，鞏固了帝國疆域。
* 西元1年，相傳耶穌誕生。現在通行的西元紀年，以此為元年。
* 西元6年，屋大維實行裁軍。提比略進攻馬科曼尼人（Marcomanni）。
* 西元14年，屋大維去世，其養子提比略即位。羅馬朱利亞－克勞狄（Julio-Claudian）王朝統治開始。

格馬尼庫斯・凱撒之死

　　格馬尼庫斯・凱撒（Germanicus Caesar）是羅馬皇帝提比略的義子，戰功卓著的名將。如果不是夭折，必然成為羅馬皇帝。在少一頂皇冠加冕這方面，他真的和半個世紀前的凱撒很像，除此之外兩人就再也沒有相似點了。他維護共和體制，也與暴君義父形成了鮮明對比。他在西元19年遊埃及後返回時死去。

被捂死的暴君提比略

　　提比略（Tiberius）是古羅馬第二代皇帝。他因戰功和體恤士
卒，深孚眾望，奧古斯都將他收養為義子。西元14年奧古斯都去
世，他繼承帝位。就軍功與執行的政策而言，他還算得一代明主。
但他仇視迫害猶太人，並強征富豪入伍，使他們死於瘧疾，由此落
下了「暴君」的罵名。西元37年，他在一次競技大會中不慎受傷，
醫生認為他危在旦夕。他指定的繼承人卡利古拉（Caligula）來接
班，禁衛軍宣誓效忠新帝。就在這時，他突然清醒，坐起來要東西
吃。卡利古拉驚恐逃命，已向新帝宣誓效忠的羅馬貴族惶惶不安。
只有禁衛軍司令官馬克羅（Macro）頭腦冷靜，在第二天來到他的
病榻旁，拿起一堆毯子將他悶死。提比略之死，充分反映了權力對
一個人生命的扭曲。

耶穌受難

　　西元1世紀的以色列在羅馬帝國的高壓統治下，他們所盼望的救世主彌賽亞沒有出現。西元30年前後，猶太木匠之子耶穌開始傳播基督教義。耶穌最著名的一次佈道是「山上聖訓」。耶穌基於對上帝的崇敬和對全人類的慈愛，展示了人類新的行為規範。不久，很多聆道者開始追隨他，成為他忠實的信徒。但是傳統猶太教的領袖，認為耶穌威脅到了自身的權威地位，便向羅馬的總督告發了他。結果，羅馬總督本丟・彼拉多（Pontius Pilate）裁定耶穌有罪，而將他釘死在十字架上。他死後3日復活，40日後升天，並宣布他將復臨人間，建立理想中的「上帝國」。耶穌的信徒相信他是被上帝選中的救世主（希臘語稱之為基督），所以他創立的宗教就是基督教。基督教與佛教、伊斯蘭教並稱世界三大宗教。

[↓年幼的耶穌在父母的帶領下逃往埃及。]

↑耶穌受到
［窮人、百姓
的尊敬，並
忠實追隨］
他。

←被押送到
［羅馬總督府
的耶穌。後
來他被釘死］
在十字架
上。

* 西元17年，羅馬著名史學家李維（Livy）去世。
* 西元17年至24年，努比亞人在北非反抗羅馬人的統治。
* 西元33年，相傳耶穌被羅馬駐巴勒斯坦總督彼拉多釘死在十字架上。40年，馬利塔尼亞（現摩洛哥和阿爾及利亞西北部）被羅馬征服。
* 43年，羅馬軍隊侵略不列顛，先後占領東部和南部地區。
* 60年至61年，愛西尼族（Iceni）女王鮑狄卡（Boudicca）反抗羅馬皇帝尼祿的暴政。
* 64年，羅馬發生罕見大火。羅馬皇帝尼祿開始捕殺「嫌疑犯」，迫害基督徒。

「小靴子」卡利古拉的暴政

　　本名蓋約・凱撒（Gaius Caesar），是羅馬歷史上著名的暴君，以荒淫暴虐聞名於史。在童年時代，他父親屬下的士兵們幫他取了一個綽號，叫卡利古拉，意為「小靴子」。此後，他就以這一別名為世人所知。他繼位7個月後忽然患了一場重病，病癒後，他恢復對某些謀反案的審判，手段極為殘酷。他還處決了把他扶上皇位的禁衛軍長官馬克羅，並殺死原皇位繼承人提比略的孫子提比略・格曼盧斯（Tiberius Gemellus）。他還在亞歷山大對猶太人進行了屠殺。他的暴行遭到了人們的反對，最後被指揮禁衛軍的保民官卡修斯・克里阿（Cassius Chaerea）殺死。

↑這幅畫的場景是羅馬奴隸拍賣市場。羅馬貴族富家蓄奴每以千計，使他們在農場、礦井、葡萄園、橄欖園、擔任辛苦的勞作，食物卻極其粗劣，榨盡了他們的精力以後，讓他們很快地死去，再以賤價買進新的補充。

「上帝的選民」猶太人

猶太人的歷史是一部苦難深重的漂泊史。猶太人亡國後，流落到世界各處，但他們始終認為自己是上帝的選民，因此，無論他們流落到何處，從不改變自己的信仰——猶太教，這一信仰使猶太民族得以存襲。然而，他們所受的迫害也往往是源於他們的信仰。

→圖為一座中東地區的猶太家庭院落。

羅馬社會的基石——奴隸

雖然奴隸制度不是源於羅馬，但羅馬偉大的成就，卻是建築於這個制度上。羅馬以強大的武力征服周邊各國，把俘虜來的人民，供自己役使，羅馬的露天劇院就是由成千上萬的猶太奴隸建造的。羅馬社會是一個畸形的社會，社會的發展完全取決於對奴隸資源的掠奪。奴隸來自於那些被征服土地上的人民。在羅馬社會晚期，由於羅馬已無力繼續擴張疆土，奴隸來源枯竭，最終使羅馬走向滅亡。

—★ 66年，巴勒斯坦猶太人掀起大規模的反羅馬統治起義。

—★ 67年，尼祿派重兵鎮壓猶太人起義。

—★ 68年，高盧、西班牙爆發反羅馬起義，一些軍隊也背叛尼祿。羅馬元老院宣布尼祿為人民公敵。

—★ 70年，羅馬軍隊鎮壓猶太人起義，毀滅耶路撒冷。

—★ 77年，羅馬駐不列顛總督阿格利可拉（Julius Agricola）擴大對不列顛的征服。

—★ 79年，著名科學家普林尼在觀察維蘇威火山爆發時中毒而死。

「學者皇帝」克勞狄一世

　　克勞狄（Claudius）是羅馬皇帝和歷史學家，著作包括20卷《伊特魯里亞史》和8卷《迦太基史》。他體質羸弱，相貌平庸，舉止笨拙，趣味粗俗，很少與人交往，長期離群索居，自學自娛，但即位後十分重視與軍隊的友好關係。他發動了對不列顛的入侵，並且御駕親征。此外，他還併吞了許多地方，將它們變為羅馬的行省。在內政方面，克勞狄採取很多開明政策，諸如改革司法制度、擴大羅馬公民的人數、鼓勵城市建設、開闢若干殖民地；在宗教方面，他主張尊重過去的傳統。他創立一個類似自由民議會的機構，監督政府各部門的工作。羅馬的傳說一致認為：克勞狄是被妻子阿格莉庇娜（Agrippina）毒死的。

←尼祿（Nero）荒淫殘暴，違逆人倫，當政後找了個藉口殺掉自己的母親。這幅畫表現了尼祿在殺害母親後，心裡又恐懼又難過的複雜心情。

「嗜血者」尼祿

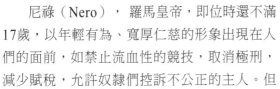

尼祿（Nero），羅馬皇帝，即位時還不滿17歲，以年輕有為、寬厚仁慈的形象出現在人們的面前，如禁止流血性的競技，取消極刑，減少賦稅，允許奴隸們控訴不公正的主人。但是從西元59年之後，他像是變了一個人，竟然喪心病狂地先處死了自己的母親，接著處死了自己的妻子，顯示出極其兇殘的一面。西元64年，羅馬城發生大火，接連燒了6天，而尼祿卻登樓觀火，後來還嫁禍給當時仍處於社會下層的基督徒，並殘酷迫害。

尼祿的暴政，導致民怨沸騰，反抗四起。就連禁衛軍也背叛尼祿，元老院則宣布尼祿為「祖國之敵」。西元68年，尼祿在逃亡途中自殺。人的良知被無明黑暗吞噬的悲劇，在尼祿身上得到了徹頭徹尾的體現。「尼祿」如今已經成為驕奢淫逸、暴虐殘酷的獨裁統治者代名詞。

尼祿的火炬——迫害猶太人

尼祿命人將起義的猶太人綁在柱子上，並在他們身上裹上易燃物，然後用火將其點燃。號稱「尼祿的火炬」。

- 80年，羅馬建成圓形大劇場。
- 83年，羅馬駐不列顛總督阿格利可拉將勢力擴大至蘇格蘭，羅馬皇帝圖密善（Domitian）率軍渡過萊茵河，對日耳曼部落之一的查提人（Chatti）發動進攻。
- 86年，達西亞人（Dacian）渡過多瑙河，大敗羅馬軍。
- 98年，圖雷真（Trajan）即位為羅馬皇帝，成為第一個出身於行省的皇帝。
- 101年，羅馬皇帝圖雷真對達西亞人進行第一次戰爭。

短命皇帝維特利烏斯

　　尼祿死亡之後，羅馬陷入了爭奪的動盪中。維特利烏斯（Aulus Vitellius）是尼祿之後，三位短命繼承人中的最後一位。西元48年曾任執政官，61年左右任阿非利加地方總督，68年被任命為下日耳曼軍團司令官；在尼祿死後被部下擁戴為皇帝。他隨即向義大利進軍，4月，與他爭奪皇位的奧托（Otho）自殺；他於7月進入羅馬。但是，東方軍團的一位司令官韋帕鄉（Vespasian）也在當月被擁立為皇帝。維特利烏斯在自己的軍隊戰敗後曾考慮宣布退位，但為禁衛軍阻止。最後，當韋帕鄉的軍隊攻進羅馬時，維特利烏斯被敵軍以極其殘忍的方法殺害。

↑圖為第度（騎白馬者）驚恐地望著聖殿，他的士兵正在屠殺猶太人，而左後邊的士兵正把七寶燭臺搶走。

猶太人的惡魔——第度

　　尼祿死後，第度（Titus）協助父親韋帕鄉取得皇位。韋帕鄉即位後，派他指揮與猶太人的對戰。經過3個月的圍攻，第度率領的羅馬軍隊終於攻占了耶路撒冷聖殿。聖殿被洗劫一空，聖殿被付之一炬，猶太人的聖物七寶燭臺被掠奪到羅馬。他曾下令殺死100萬猶太人，並把耶路撒冷夷為平地。

* 102年，羅馬軍擊敗達西亞人，達西亞被迫求和。
* 105年，圖雷真對達西亞人進行第二次戰爭，達西亞被征服，成為羅馬的一個行省。
* 106年，羅馬帝國占領阿拉伯西北部的納巴特王國（Nabatean），將其劃為羅馬的阿拉伯行省。
* 114年，羅馬占領亞美尼亞。
* 115年，羅馬占領美索不達米亞西北部。

第度凱旋門

　　雖然第度在猶太人眼裡是魔鬼，但是在羅馬人心目中，他是一位英雄。他為羅馬贏得了勝利、榮譽和財富。為此，羅馬人在西元81年為他建造了第度凱旋門，它迄今仍屹立於羅馬廣場。古代羅馬人已經不復存在，他們的光輝業績也已隨著雨打風吹而逝去，但是凝聚在凱旋門上的場景，卻是猶太人心中永遠的痛。71年返回羅馬後，第度任御林軍司令。後數次任執政官，與父親共執朝政。79年父皇死後，他繼承皇位。雖然在位時間很短，不到三年，但是他不惜使用大量資源為人民造福，所以他在羅馬人中聲名很高。

[→圖為羅馬皇帝韋帕鄉（前者）迎接凱旋的兒子第度。]

地中海成了羅馬帝國的內湖

　　奧古斯都死後，其養子提比略繼位，從此開創了皇位繼承制。前期帝國包括三個王朝，各王朝竭力加強皇權，建立和完善官僚體系，並改進軍事體系，調整帝國境內不同階層及羅馬與各行省的關係。圖雷真皇帝把帝國版圖擴展到了最大規模：西起不列顛，東迄幼發拉底河，北越多瑙河，南抵北非。其領土遍布地中海四周，地中海因此成了羅馬帝國的內湖。羅馬帝國的早期社會經濟空前繁榮，對外貿易甚至遠達中國的漢朝。

→圖為羅馬皇帝圖雷真。

* 120年，羅馬著名歷史學家塔西陀（Cornelius Tacitus）去世，他著有《年代記》、《歷史》和《日耳曼尼亞志》等。
* 131年，羅馬皇帝哈德良頒布敕令，禁止猶太教進行割禮和閱讀猶太律法，並在耶路撒冷建立殖民地和修建羅馬神廟，激起猶太人的強烈反對。
* 132年，猶太人在西門的領導下，掀起了大規模的反羅馬起義。
* 135年，羅馬殘酷鎮壓猶太人起義，巴勒斯坦慘遭破壞，猶太人從此漂流四方。
* 165年，羅馬占領美索不達米亞，將其一部分建為行省。
* 167年，羅馬動員全國力量，阻止日耳曼人入侵多瑙河沿岸。

失落的龐貝城

　　第度摧毀耶路撒冷聖殿的8年後，羅馬的龐貝古城被火山吞沒。猶太人有一種說法，認為這是對第度摧毀耶路撒冷聖殿的懲罰。

↑圖為俄國古典派畫家布留洛夫（Karl Briullov）的名作《龐貝城的末日》。

哈德良的別墅

羅馬皇帝哈德良（Hadrian）的行宮，位於羅馬城附近的蒂沃利（Tivoli），約建於124年，被認為是羅馬帝國的繁榮和優雅在建築上的集中體現。占地約18平方公里，與其

說它是傳統的別墅，不如稱它為皇家的花園城市更合適些。建築物隨地形建造，包括浴場及附屬建築、圖書館、帶雕刻的花園、劇場、室外餐廳、亭榭和住宅，重要部分保存至今。

壯志未酬的馬可‧奧勒利烏斯

馬可‧奧勒利烏斯（Marcus Aurelius）是羅馬皇帝（西元161～180年在位）。他雖然不是偉大的立法者，卻是一個體恤下情的法律實踐者。177年，馬可重新開始多瑙河戰爭，企圖為羅馬建立一條大大擴展的北部邊界，但是正當勝利在望之際，他卻在軍中死去。

- 172年，埃及爆發布科里奴隸起義，反抗羅馬統治。
- 183年，羅馬元老貴族企圖謀殺皇帝的陰謀敗露，大批元老貴族被處死。
- 193年，羅馬內部爆發了一場延續4年的爭奪王位混戰。
- 205年，不列顛喀里多尼亞人（Caledonian）發動起義，反抗羅馬統治。
- 208年，羅馬皇帝塞維魯（Severus）親征不列顛，鎮壓喀里多尼亞人起義。
- 212年，羅馬賦予帝國境內所有自由民羅馬公民權。
- 216年，羅馬帝國吞併了亞美尼亞。
- 217年，馬克里努斯（Macrinus）被擁立為皇帝，他是羅馬歷史上第一個騎士出身的皇帝。

卡拉卡拉：又一位嗜血皇帝

卡拉卡拉（Caracalla）是羅馬最嗜血成性的暴君之一，堪與尼祿「媲美」。他的統治加速了羅馬帝國的衰亡。據傳他曾悉心研究希臘的演說和悲劇，能大段背誦尤里皮底斯的作品。但是他曾以謀反罪將其岳父處死，並把妻子流放海島，後來也予以殺害。其後他與弟弟的衝突日益加劇，不顧母親勸阻殺死弟弟，並殺害他的許多友人。213年大肆屠殺日耳曼部族，216或217年進攻安息帝國。217年對安息帝國發動第二次戰役，戰役一開始他就被羅馬禁衛軍司令刺死。

→圖為卡拉卡拉的半身像。

猶太人的哭牆

　　西元2世紀，羅馬殘酷地鎮壓了猶太人起義。巴勒斯坦的猶太人經過這次浩劫，田園荒蕪，許多人背井離鄉。猶太人被趕出巴勒斯坦地區，流散在歐洲各地，耶路撒冷的聖殿始終未能恢復。幾百年後，猶太人在聖殿斷垣殘壁的遺址上修建起圍牆，雖然已經只剩下伊斯蘭聖地圍牆西牆的一段，但猶太人仍然珍惜它，將這段牆視為民族信仰和團結的象徵。猶太人常聚在這裡哭泣，以寄託其故國之思，與中國《詩經》中所抒寫的「黍離」之感相似，此牆因而名為「哭牆」。

　　哭牆分為兩部分，中間隔一柵欄，男女分開祈禱。入男部，須戴上紙做的小帽，否則會被視為異教徒而不准入內。在做正式祈禱時，要準備好兩個裝有《聖書》語錄的小羊皮袋子，一個戴在頭上，另一個捆在手臂上，身上披一件特製的披肩。教徒們在祈禱時，面對哭牆，口中念念有詞，全身前仰後合，虔誠之態令人肅然起敬。

- 226年，阿爾達西爾（Ardashir）建立波斯薩珊（Sassanian）王朝。
- 231年，波斯入侵羅馬帝國，羅馬皇帝率軍反擊。
- 232年，波斯擊敗羅馬，獲得亞美尼亞。
- 238年，羅馬元老院先後擁立四個皇帝，皆被殺。北非爆發奴隸、農奴起義。
- 241年，法蘭克人入侵高盧，從此「法蘭克人」這一名稱開始出現在歷史中。

卡拉卡拉大浴場

　　古羅馬混凝土建築的傑出代表，也是唯一保存較完好的古羅馬大浴場，217年由塞維拉斯（Severus Alexander）完成。主體建築規模宏大，內設一組寬敞的拱頂浴室，另有庭院和附屬房屋，周圍有花園，設運動遊戲場地和露天游泳池。主要浴室包括冷水浴室、溫水浴室和熱水浴室。冷水浴室和熱水浴室之間是一座大廳，有巨大的拱頂和高側窗，是中世紀教堂內拱頂中堂的原型。建築中使用了大量的大理石，室內有雕刻和其他裝飾。中世紀時受到嚴重破壞。

同性戀皇帝埃拉加巴盧斯

　　埃拉加巴盧斯（Heliogabalus）是以反常的淫亂行為而臭名昭著的羅馬皇帝。217年他的表兄卡拉卡拉皇帝被殺，一位禁衛軍統領本來順理成章地要取得皇位，但是埃拉加巴盧斯的母親和祖母卻謊稱他是卡拉卡拉的私生子，因而被元老院承認為皇帝。他即位後將崇拜太陽神的宗教強加給羅馬世界，還處決了許多拒絕接受新信仰的將軍，並使許多受寵的親信當上高官。

　　這位年輕皇帝時常公開舉行同性戀者的放蕩聚會，因而激怒了羅馬的輿論。221年他宣布立兄弟亞歷山大為養子和繼承人，後來又改變主意，引起禁衛軍譁變，將他和他的母親殺死。

* 256年，羅馬與法蘭克人、阿雷曼人（Alemannen）、哥特人（Goth）作戰，無結果。
* 259年，羅馬的高盧駐軍起義，擁軍隊統帥波斯圖姆斯（Rabirius Postumus）為皇帝，建立獨立的高盧帝國。
* 260年，波斯軍隊大勝羅馬帝國軍隊，並俘虜了羅馬皇帝瓦勒良（Valerian）。
* 263年，羅馬西西里爆發第三次大規模的奴隸起義。
* 269年，高盧巴高達運動開始。
* 273年，羅馬皇帝奧勒良率軍滅掉高盧帝國。
* 275年，奧勒良被部下所殺，元老院擁立元老貴族塔西佗（Marcus Claudius Tacitus）為皇帝，軍隊拒不承認。
* 282年，羅馬入侵波斯，並攻克其首都泰西封（Ctesiphon）。

被俘的女王
芝諾碧雅

　　她是羅馬屬下巴爾米拉殖民地的女王。因不甘心作羅馬的附庸，她先侵占埃及，然後又占領了小亞細亞的大部分地區，宣布脫離羅馬而獨立。羅馬皇帝奧勒良發兵東進，將她擊敗並俘獲。押到羅馬後，她嫁給了一位羅馬元老院議員，在提布爾（Tibur，今義大利蒂沃利）的別墅裡度過餘生。

「世界光復者」奧勒良

羅馬皇帝奧勒良（Au-relian）因為使四分五裂的帝國重新獲得統一，所以贏得「世界光復者」的稱號。當然，在羅馬人眼裡，世界僅指羅馬。270年5月，奧勒良成為羅馬皇帝。他迅速著手恢復羅馬在歐洲的霸權。他把入侵者逐出中歐地區，並趕走了義大利北部的朱特人（Juthungi）。為了阻擋蠻族入侵，他還修建了一道長12英哩、高約20英呎的新城牆。271年大舉東征，在多瑙河畔擊敗了哥特人。為了收復東方的幾個行省，他圍攻了巴爾米拉（Palmyra），俘獲了其女王芝諾碧雅（Zenobia）。後來，他在出征波斯途中被部將殺害。

- ＊ 284年，戴克里先（Diocletianus）被擁立為羅馬皇帝。他執政後，正式將元首政治改為君主制。
- ＊ 297年，羅馬擊退波斯軍隊的入侵。
- ＊ 303年，戴克里先頒布敕令，禁止基督教，迫害基督徒。
- ＊ 306年，羅馬皇帝君士坦提烏斯・克洛盧斯（Constantius I Chlorus）在與蘇格蘭部落作戰中陣亡，軍隊宣布其子君士坦丁（Constantine I The Great）為皇帝。
- ＊ 311年，羅馬皇帝加利流（Galerius）取消反基督教敕令。
- ＊ 312年，羅馬皇帝君士坦丁率軍進攻義大利。
- ＊ 313年，羅馬皇帝君士坦丁頒布《米蘭敕令》，基督教從此成為羅馬帝國的國教。
- ＊ 323年，羅馬皇帝成為帝國的唯一統治者。

羅馬迫害基督徒

　　基督教迅速傳遍羅馬帝國之時，一些皇帝視基督教徒為反叛者，因為他們拒絕崇拜羅馬的神。於是成千上萬的基督教徒被逮捕，受到折磨並被殺害。羅馬當局常常把他們投到鬥獸場，讓獅、虎等猛獸咬死吃掉他們。這幅畫中，遠處一個個被點燃的並不是火炬，而是被綁在十字架上的基督徒血肉之軀。兇猛的獅子盯著場地上的基督徒，準備隨時撲上去，而這些耶穌的門徒則沒有恐懼，平靜地面對張開的獅口，滿是喜悅地感謝上帝賜給他們殉道的榮耀。

羅馬帝國的皇位繼承

羅馬帝國的皇位繼承並不是單純的世襲制、選舉制或禪讓制，而比較複雜。羅馬帝國始終沒有解決好這個問題，後來的覆亡與之不無關係。

從奧古斯都至尼祿，是克勞狄王朝。該王朝皇位均由皇帝的親屬繼承。其中從提比略到尼祿統治時期，不斷加強皇權，鞏固專制統治，發展官僚體系，殘酷鎮壓反對者。皇帝重用禁衛軍的結果，導致禁衛軍參預政事，在皇帝廢立問題上起重大作用。

3世紀的時候，羅馬奴隸占有制社會處於全面危機之中，史稱「3世紀危機」。羅馬政局陷入混亂，軍團和行省各自擁立皇帝，互相殘殺，出現過「三十人僭主集團」。

284年，禁衛軍長官戴克里先取得了帝國政權。他改元首制為「多米那特制」（即君主制），採用東方君主的宮廷朝儀，完全拋棄了殘存的共和外衣。此外，為了強化統治，實行「四帝共治制」。

324年，君士坦丁一世重新統一帝國，後把首都由羅馬遷到拜占庭，改名為君士坦丁堡，在皇位繼承方面沿襲了戴克里先的政策。

但是戴克里先和君士坦丁一世未能挽救羅馬帝國的沒落。337年君士坦丁一世死後，爭奪帝位的鬥爭重新開始。

←圖為羅馬皇帝
正在接受群臣觀
見。

* 330年，羅馬皇帝君士坦丁遷都拜占庭，並將其名改為君士坦丁堡。
* 337年，君士坦丁去世，其三個兒子皆稱「奧古斯都」，三分天下，分而治之。
* 350年，努比亞的庫施王國在鄰國阿克森姆（Axum）的進攻下滅亡。
* 353年，羅馬皇帝君士坦丁二世擊敗馬格尼提烏斯（Magnentius），重新統一帝國。
* 360年，來自中亞的匈奴族首次入侵歐洲。
* 374年，匈奴人渡過頓河，侵入東哥特境內。東哥特一部分降匈奴，一部分逃亡到西哥特境內。

←圖為西元312年，羅馬台伯河上的米爾維橋（Milvian Bridge）決戰中，他戰勝帝位競爭者馬克森提（Maxentius）的情形。

臨終受洗的君士坦丁一世

　　史稱君士坦丁大帝，他是羅馬帝國後期一位偉大的皇帝。324年，他戰勝了所有帝位競爭者，成為帝國的獨裁統治者。他建立起有嚴格等級區別的官僚體系，允許大批「蠻族」在帝國境內定居，並允其擔任要職。他在330年下令遷都拜占庭，並改名為君士坦丁堡。他推行支持基督教的政策，頒布了著名的「米蘭敕令」，承認基督教的合法地位，並在自己主持召開的尼西亞會議上，制定了基督教的信條，臨終前受洗為基督教徒。

↑君士坦丁大帝騎馬像。

羅馬人的墮落

在羅馬祖先們所建造的威嚴、井然的建築中，羅馬的男女們開始過著縱情聲色的生活。巨大的羅馬立柱間聳立著先賢們的大理石雕像，位於中心的是格馬尼庫斯，他代表著一個曾經注重道德的時代。右上角一個喝醉的人甚至爬上雕像，試圖讓石頭和自己一起狂歡。在右下角，兩個遠道來訪的日耳曼人冷眼旁觀著這頹廢的景象，隱喻了羅馬帝國日後將亡於日耳曼人手中的結局。歷史確實是這樣的：羅馬帝國的衰敗並非源於早期的窮兵黷武，而是根源於後來的繁榮穩定所導致的罪惡叢生、道德淪喪。西元395年，羅馬帝國分裂為東、西兩個帝國。

* 376年，西哥特人為避匈奴，渡過多瑙河，進入羅馬帝國境內。
* 378年，羅馬帝國東部皇帝瓦倫斯（Valens）親自出征西哥特人，與西哥特人戰於亞德里亞堡
  ，羅馬軍隊被擊敗，瓦倫斯陣亡。
* 395年，羅馬帝國正式分裂為東、西羅馬帝國。
* 5世紀，大和統一日本。
* 402年，西哥特人退出義大利，西羅馬政治中心開始移到拉溫那（Ravenna）。
* 408年，西哥特王率軍又圍攻羅馬城，羅馬被迫付出大量贖金，方解除圍城攻勢。
* 410年，西哥特攻陷羅馬城。
* 422年，波斯與東羅馬議和。

聖哲羅姆和保拉

　　聖哲羅姆（Jerome Klapka）是早期基督教會中學識最淵博的教父。他將《聖經》中的希伯來文《舊約》，希臘文《新約》譯成拉丁文，此譯本後稱通俗拉丁文本。保拉是一位羅馬貴婦，在聖哲羅姆的影響之下，成為著名的修女，後來她隨聖哲羅姆到羅馬東部傳教，被基督徒傳為美談。這幅畫表現的是聖哲羅姆向當時還是位貴婦人的保拉傳教時的情景。

動盪的世界

西元5世紀——西元17世紀

* 426年，東羅馬向匈奴納年貢。
* 439年，汪達爾（Vandal）王國在北非建立。
* 442年，西羅馬修改條約，將北非大部分割讓給汪達爾。阿提拉成為匈奴唯一之王。
* 448年，東羅馬與匈奴簽定屈辱和約，繼續納年貢。
* 449年，盎格魯－撒克遜人、朱特人開始入侵不列顛，後在不列顛東南部建立七王國。
* 451年，匈奴王阿提拉率軍侵入高盧北部，受挫，遂率殘軍回到東歐。其北部諸城，被東羅馬軍隊擊潰，求和，退出義大利。
* 453年，阿提拉染病身亡，其子為爭奪王位，使內戰爆發。

西哥特人洗劫羅馬

　　西哥特人在進軍羅馬的過程中，不斷地洗劫沿途羅馬人的城鎮，他們最後在西元410年到達首都羅馬，並洗劫了6天，這是羅馬城第一次被帝國的敵人所攻破。金碧輝煌的羅馬令這些蠻族興奮不已，

↓ 該圖表現的就是西哥特人洗劫羅馬的情景。

匈奴人來了！

　　羅馬禍不單行，西哥特人尚未退去，阿提拉的匈奴騎兵又到了歐洲。阿提拉的征伐對歐洲造成嚴重破壞。圖為匈奴騎兵正在洗劫一家羅馬貴族的庭院，匈奴騎兵身後的凱撒雕像似乎在向人們講述著羅馬輝煌的昨日。

* 455年，西羅馬政權落入軍事將領手中。汪達爾軍隊攻克羅馬城，並將其洗劫一空，又占領整個北非。
* 476年，西羅馬帝國滅亡。奧多亞克（Odoacer）王國建立。
* 477年，撒克遜人的一部在英格蘭東南沿海登陸，建立蘇塞克斯（Sussex，南撒克遜）王國。
* 478年，東羅馬與東哥特人作戰。
* 487年，薩珊波斯（Sasanian Persia）的科巴德一世（Kobad I）領軍攻打東羅馬帝國。
* 492年，格拉修一世（Gelasius I）任羅馬教宗，公開宣布教會權力高於世俗帝王權力。
* 493年，奧多亞克王國為東哥特人所滅，東哥特人在義大利建立東哥特王國。
* 495年，撒克遜人的另一部在英格蘭南部沿海地區，建立威塞克斯（Wessex，西撒克遜）王國。

懦弱的霍諾留皇帝

　　霍諾留（Honorius）在10歲時便成為西羅馬帝國的唯一統治者，是最懦弱無能的羅馬皇帝之一，只要他親自決策，往往會帶來災難性的後果。譬如，他在西元410年以前如果不那麼頑固地拒絕西哥特首領阿拉里克（Alaric）提出的條款，羅馬城也許就不會為西哥特人所破並摧毀。

↑圖為良一世勸
阿提拉撤軍。

匈奴軍隊劫掠西羅馬

　　阿提拉是匈奴帝國的君主，極富侵略性，而且才智超群。他和他的匈奴鐵騎被稱為「上帝之鞭」。445 年時，匈奴帝國的勢力達到鼎盛，東西羅馬均被迫向其納貢。450年，他要求西羅馬帝國割讓一半領土給他，遭到拒絕。次年，兩國還在卡太隆尼（Catalaunian）平原大戰了一場，阿提拉敗，被迫撤退。但是過了一年之後，他又率部侵入義大利北部，占領了許多地方。後來經過教宗良一世（Leo I）調解，才與西羅馬議和撤軍。當然，臨走時他也沒忘敲上西羅馬一筆。

- ＊ 500年至515年，中亞的遊牧民族入侵印度。
- ＊ 527年，查士丁尼一世（Justinian I）即東羅馬皇帝位，拜占庭（東羅馬）一度呈現榮景。
- ＊ 528年，查士丁尼任命貝利撒留（Belisarius）為大將，與波斯進行戰爭。查士丁尼宣布取消除基督教之外的一切異教。
- ＊ 529年，查士丁尼頒布第一部法典——《查士丁尼法典》。
- ＊ 531年，波斯的薩珊王朝進入極盛時期。
- ＊ 531年，波斯與東羅馬軍隊在卡利尼孔（Callinicum）會戰。拜占庭戰敗後撤軍並向波斯支付1000磅黃金。
- ＊ 532年，羅馬基督徒倡議，以耶穌誕生之年為紀元之年。

上帝之鞭

　　圖為匈牙利畫家筆下的阿提拉和他的宮廷。阿提拉的軍隊以其殘暴和卓越的作戰技能令對手聞風喪膽，被羅馬人視為最可怕的戰士。這些神祕的騎兵在歐洲北部整整馳騁了兩個世紀，以殺人為能事，禍害四方，直到西元455年被徹底擊潰。

克里索斯通

　　聖約翰・克里索斯通（Saint John Chrysostom）是早期基督教希臘教父。398年任君士坦丁堡大主教，因銳意改革，得罪豪富權門。東羅馬帝國皇后尤多克西亞（Eudoxia）和亞歷山卓大主教狄奧菲魯斯（Theophilus）聯合反對他，狄奧菲魯斯於403年召開宗教會議，指控他誣衊皇后，公開叛國。會議決定撤銷他的主教職務，最後被禁閉在亞美尼亞的庫庫蘇斯（Cucusus），407年在往黑海以東地區流亡的路途中死去。克里索斯通長於辭令，因而通稱「金口約翰」。

↑圖為尤多克西亞冷冷地看著克里索斯通。

蠻族領袖的戰利品

　　羅馬城池最終被蠻族攻破，蠻族首領除了對羅馬的金銀財寶感興趣外，羅馬婦女也是他們掠奪的目標。

- ＊532年，君士坦丁堡爆發尼卡（Nika）起義，遭殘酷鎮壓。
- ＊534年，汪達爾王國向拜占庭投降。
- ＊542年，法蘭克人入侵西哥特，被擊退。波斯與拜占庭作戰不利，不久後講和。
- ＊543年，乘拜占庭內訌之機，波斯占領亞美尼亞，殲滅拜占庭大軍3萬。
- ＊547年，波斯軍攻占庇特拉要塞。
- ＊554年，貝利撒留遠征西哥特王國。
- ＊558年，克羅泰爾一世（Clotaire I）重新統一法蘭克，即位為法蘭克王。貝利撒留擊退匈奴人和斯拉夫人對君士坦丁堡的進攻。
- ＊560年，盎格魯人在英格蘭東南部建立德伊勒（Deira）王國。

墨洛溫人的葬禮

　　法蘭克人是古日耳曼人的一支，原來居住在萊茵河下游，5世紀前半期向南遷徙。他們在高盧定居後，與高盧－羅馬人發生接觸。他們採用拉丁語，迅速消除了語言障礙，日常生活的多方面接觸，更產生了一種受基督教強烈影響的嶄新文化。5世紀到9世紀，他們分別建立了墨洛溫王朝和卡洛林王朝。法蘭克人首領克洛維一世（Clovis I）統一了除南部之外的高盧，建立起以巴黎為首都的王國，並皈依天主教。克洛維的子孫多次瓜分國土，出現無數宮廷陰謀和兄弟鬩牆的事件。這幅畫表現的是法蘭克人舉行葬禮的情景。

羅馬的水利工程

　　羅馬的城鎮需要許多淡水供公共浴室、噴水池和廁所使用。利用一種水管和水渠系統（叫高架渠）把水輸到需要水的地方，工程師們在山間和河谷裡修建隧道和橋樑以鋪設水管。

[←下圖為建築高架渠的想像圖。]

* 562年，東羅馬與波斯簽定50年和約。
* 569年，倫巴底人從義大利攻入高盧。
* 571年，西撒克遜人建立東盎格魯王國（「英格蘭」名稱約從此開始）。
* 577年，斯拉夫人渡過多瑙河，侵入色雷斯，從此斯拉夫人成為巴爾幹地區的主要居民。
* 588年，兩個北盎格魯人王國合併為諾森布里亞（Northumbria）王國。倫巴底人接受羅馬系統的基督教。
* 591年，拜占庭軍在幼發拉底河畔擊敗波斯軍，獲得亞美尼亞大部分和伊比利亞的一半領土，並迫使波斯軍簽訂「永久和平協定」。
* 597年，奧古斯丁（Augustine）被任命為第一任英格蘭大主教。

查士丁尼大帝

> ↑ 圖片居中者為
> 查士丁尼大帝。

　　他是拜占庭帝國前期一位非常有作為的皇帝，很重視法治，一即位便下令編纂了一部奴隸制法典，後來被稱為《查士丁尼法典》。法典的頒布實施，穩固了統治。在軍事方面，他也有很大的作為。西元533年，查士丁尼派遣得力幹將貝利撒留，僅用半年的時間就把日耳曼「蠻族」在北非建立的汪達爾王國夷為平地。西元535年，貝利撒留揮師義大利，很快占領了西西里和義大利南部，不久滅掉了東哥特王國。在進攻義大利的

同時，查士丁尼還分兵進攻西班牙的西哥特王國，遭受西哥特人的殊死抵抗，雖然最初拜占庭軍隊僅占領了西班牙的東南部，但最後還是占領了地中海上的科西嘉島、薩丁島及巴利阿里群島。他還主持了東正教和一性派主教的聯合會議，以紓解緩和教派矛盾，並在君士坦丁堡修建聖蘇菲亞教堂。

查士丁尼死於西元565年。不過，長期的對外戰爭，耗盡了國家的軍事和經濟實力，同時也未能制止斯拉夫人、保加爾人（Bulgar）、匈奴殘部和阿瓦爾人（Avar）的不斷入侵。565年，他去世後不久，征服的地區大都喪失。

查士丁尼的皇后提奧朵拉

查士丁尼的夫人提奧朵拉（Theodora）是個很有主見的女子，查士丁尼登上皇位不久，君士坦丁堡發生了一場暴亂，很多人都勸新皇帝暫時離開京城躲一躲，但皇后堅持要皇帝留在京城，並平息了暴亂，保住了皇位。在查士丁尼後來的文治武功中，也少不了這位皇后的出謀劃策。

←在這幅畫裡，表現了皇后正在為猶豫不決的查士丁尼出謀劃策的情景。

—＊610年，穆罕默德約於此時傳布伊斯蘭教。

—＊614年，波斯軍進攻耶路撒冷。

—＊622年，拜占庭大軍在小亞細亞登陸，占領科爾基斯（Colchide）及亞美尼亞等地。

—＊622年，穆罕默德出走麥加。這一年被訂為伊斯蘭曆元年。

晚景淒涼的名將貝利撒留

　　貝利撒留是查士丁尼大帝時代的一代名將，叱吒沙場，名震各國。他善於用兵，特別是海軍。作戰時，常用海軍圍而不攻，透過外交或計謀不戰而勝，竭力避免與敵人正面決戰。但是後來因功高震主、家資巨萬，被查士丁尼所忌而失寵。晚年雙眼又被這位皇帝弄瞎，流落街頭，淪為乞丐。

　　在畫中，這位曾在戰場上叱吒風雲、功勳顯赫的英雄，如今已雙目失明，正抱著幼女向行人乞討。一位年輕的女人正向他施捨，而旁邊曾是他部下的一位將軍，則對眼前的場景驚訝得說不出話。

聖蘇菲亞教堂

　　查士丁尼修建君士坦丁堡的聖蘇菲亞大教堂，整整花費了5年的時間，徵用民工1萬多人，全部費用折合黃金約18噸。圖為聖蘇菲亞大教堂。

[↑聖蘇菲亞大教堂外景。]

[↑聖蘇菲亞大教堂內人們禱告時的情景。]

[↑聖蘇菲亞大教堂內景。]

—＊ 624年，西哥特人第一次統治整個西班牙。

—＊ 624年，穆罕默德襲擊了一支去麥加的商隊，這就是著名的「白德爾之戰」（The Battle of Badr）。

—＊ 627年，拜占庭皇帝希拉克（Heraclius）率軍在尼尼微古城舊址重創波斯軍隊。

伊斯蘭世界

　　7世紀以前，阿拉伯人分為多個部族。幾個部族從事農業，其他部族組成商隊，穿越沙漠進行交易。他們信仰的諸神原本各自不同，但是這種局面到了610年後，因麥加人穆罕默德開創伊斯蘭教而得以改變，伊斯蘭的意思是「對神的絕對服從」。

［ ↓圖為與異教徒作戰的阿拉伯人。 ］

羅馬文化的衰落

　　蠻族的入侵導致西羅馬帝國的滅亡。他們占領羅馬後並不欣賞羅馬的文明，似乎鄉村生活對他們的吸引力更大一些，他們寧願住在偏遠的鄉村而不願聚居在城市，羅馬人創造的文明在他們眼裡一文不值。羅馬的文化靠教會保存了下來，他們的拉丁語僅由神父們掌握著，變成了一種宗教的語言。

↑這幅畫表現的是在古羅馬時期，一所劇院前的情景。看戲是羅馬人的主要娛樂活動之一。

* 630年，麥加人宣布皈依伊斯蘭教。穆罕默德回麥加後，改克爾白古廟為清真寺，以此作為伊斯蘭教朝聖之地。阿拉伯半島各部紛紛皈依伊斯蘭教。
* 631年，阿拉伯半島大致上完成統一。
* 632年，阿拉伯哈里發統治時期開始。
* 632年，穆罕默德的軍隊開始向拜占庭統治下的敘利亞進攻。
* 636年，阿拉伯軍隊在雅穆克（Yarmuk）戰役中取得對拜占庭的重大勝利。阿拉伯軍隊在科底塞亞（Kadisiya）大敗波斯軍隊。
* 637年，阿拉伯人征服耶路撒冷。

巴塔維人的誓言

　　巴塔維人（Batavian）是荷蘭人的祖先，為了反抗羅馬人的統治，曾多次舉行起義。荷蘭畫家林布蘭（Rembrandt van Rijn）在這幅作品裡，表現了巴塔維部落首領克勞迪烏斯·西非利斯（Claudius Civilis）召集會議抵抗羅馬帝國入侵者的情形。

拜占庭帝國

　　拜占庭帝國就是東羅馬帝國。6世紀中葉以後，查士丁尼恢復往昔環地中海羅馬帝國的夢想雖然破滅，但在痛苦的蛻變之後，拜占庭帝國本身依舊存在下來了，並成為希臘－羅馬古典文明的直接繼承者。其高度發達的典章制度、軍事體制、經濟組織和文化藝術，對保加利亞、塞爾維亞、羅馬尼亞、阿爾巴尼亞、匈牙利和俄羅斯等國家都有不同程度的影響。在長期的發展過程中，逐步形成了以東方基督教（東正教）為基調的文明區域，而且在整個中古時代，拜占庭始終是東方與西方、歐洲與亞洲經濟文化交流的橋樑。

→圖為拜占庭宮廷的情景。

* 639年，阿拉伯軍隊突襲埃及成功，從此拜占庭失去了埃及。
* 640年至641年，穆罕默德的繼承者哈里發二世征服埃及。
* 652年，阿拉伯軍隊占領整個亞美尼亞。
* 664年，阿拉伯攻入阿富汗，占領喀布爾；後進攻印度，征服印度河下游的信德地區。
* 676年，阿拉伯哈里發將選舉制變為世襲制。
* 677年6月，阿拉伯艦隊進攻君士坦丁堡遇挫，幾乎全軍覆沒。新羅大致統一朝鮮半島。
* 679年，保加利亞王國建立。

克洛維的家庭教育

克洛維是法蘭克王國的創立者，中世紀早期曾統治西歐大片領土。481年即位後，向南推進，征服了北高盧。486年，擊敗西羅馬在高盧的末代統治者，進入索姆河和塞納河的整個地區，其後更不斷向南擴展直至巴黎。507年，他又攻打盧瓦爾（Loire）以南高盧的西哥特人，在普瓦捷（Poitiers）附近獲勝。他揮師南進至波爾多（Bordeaux），並派他的兒子奪取西哥特人的首都土魯斯（Toulouse），但他並沒有把哥特人全部趕走，也未能使南高盧成為他族人的居住地區。還師後，他接受了拜占庭授予的榮譽執政官稱號，此後並定居於巴黎。後來他信仰了基督教，曾營造一座供奉使徒的教堂。查理大帝就是他的子孫。

[↑圖為朝聖途中的穆斯林（Muslim）隊伍。]

到麥加朝聖去！

先知穆罕默德的出生地麥加，在伊斯蘭世界中是最為神聖的都市。穆斯林至少一生一次到卡巴（Kabah）神殿做禮拜，並巡視麥加，這就是朝聖。克爾白古廟和黑隕石為伊斯蘭教聖物，這個黑隕石是阿拉伯民族的先祖阿伯拉罕（Abraham）數世紀前運到麥加的，巡禮者要慢慢地在古廟周圍轉七周。穆斯林無論身處何地都會朝著這座古廟做禮拜。

* 698年，阿拉伯人攻破了拜占庭帝國在北非的加爾各答，並建立新都市突尼斯。
* 710年，日本進入奈良時代。
* 714年，阿拉伯帝國征服了幾乎所有的西班牙地域。
* 717年，歷時13個月的君士坦丁堡會戰，以阿拉伯軍隊的失敗而告終。
* 732年，法蘭克王國在普瓦捷擊敗阿拉伯軍。
* 737年，法蘭克王國首相查理・馬特（Charles Martel）不再立國王，並領軍與撒克遜人作戰。
* 744年，拜占庭發生大瘟疫，死者上百萬。
* 745年，拜占庭軍進攻阿拉伯，戰線推至敘利亞。
* 746年，阿拉伯艦隊侵入賽普勒斯，被希臘人擊退。

阿拉伯帝國的繁榮

在8世紀前後，特別是在哈里發曼蘇爾、訶倫和馬門時期，統治者重視農業，興修水利，促進了農業的發展，形成大馬士革、美索不達米亞南部、波斯灣東岸和阿姆河、錫爾河流域等四大穀倉。工商業也不斷發展，巴格達不僅成為政治中心，而且成為國際貿易的中心，科學文化也取得很大成就。

→圖為正在進行貿易的阿拉伯人。

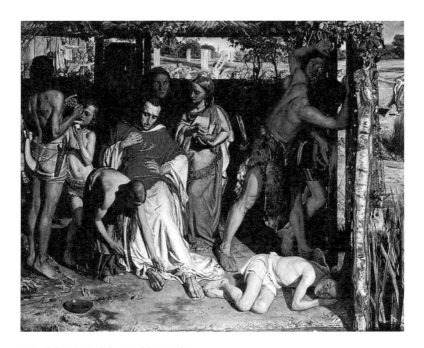

歐洲蠻族接受基督教

　　蠻族是羅馬人最早用來形容那些從東北部入侵羅馬帝國的尚武部落。這些蠻族在毀滅了西羅馬帝國後，大約西元500年左右，開始定居在他們占領的土地上，並建立起自己的王國。起初，大多數蠻族都是不信奉基督教的異教徒，因此，當時的歐洲，基督教在許多地方幾乎消失了。於是，羅馬和君士坦丁堡教會決定派出修道士宣傳基督教，沒有被蠻族入侵過的愛爾蘭也派出了不少傳教士。後來蠻族逐漸轉變成基督教徒，教堂和修道院遍布整個歐洲。

　　一個叫做奧古斯丁的修道士從羅馬來到英格蘭東南部傳教後，在那裡居住的數千盎格魯族人都成為了基督教的信奉者。國王艾瑟爾伯特（Ethelbert）封奧古斯丁為坎特伯雷第一任主教，後來成為英格蘭大主教。這幅畫表現的就是盎格魯人中的基督徒保護傳教士的情景。

—*746年，在賽普勒斯附近的大海戰中，拜占庭重新奪回了賽普勒斯。

—*751年，阿拉伯軍隊與中國唐朝軍隊展開恒羅斯（Talas）河畔之戰。由於這次戰役，造紙術傳
　入阿拉伯。

—*756年，法蘭克國王丕平三世（Pepin III）將拉溫那等地獻給羅馬教宗，「丕平獻土」使得教宗
　國奠立，教宗開始擁有世俗的權力。

—*759年，法蘭克王國的勢力從此擴展到整個高盧。

—*771年，查理曼（Charlemagne）成為全法蘭克之王，他統治下的國家被稱為查理曼帝國。

—*772年，法蘭克對撒克遜人發動戰爭。拜占庭與保加利亞的戰爭又起。

—*773年，羅馬教宗得到法蘭克國王查理曼的許可，在各地徵收「什一稅」。

阿拉伯與拜占庭的戰爭

　　750年，阿拉伯帝國內部矛盾激化，阿拔斯王朝取代
了倭馬亞王朝的統治，遷都巴格達。此後，拜占庭與阿
拉伯爭奪的重點主要在小亞細亞和美索不達米亞、黑海
沿岸及地中海東部和義大利等地，雖然戰事連綿不斷，
但規模不大。

←圖為清真寺
裡，出征前的
穆斯林正在祈
禱。

耶路撒冷：山丘上的城市

　　在古代希伯來的一部文獻中這樣評價耶路撒冷：
「如果以世界上流傳下來的10個評價美麗的標準來衡
量，耶路撒冷占九條。」這個城市因此成為三個偉大的
一神教中心。對猶太人而言，耶路撒冷是大衛和所羅門
的城市；對基督徒而言，它是耶穌基督蒙難之地；對穆
斯林來說，它是伊斯蘭教先知穆罕默德「登霄」之地，
和早期信徒禮拜的方向。到7世紀初以前，基督教拜占
庭帝國統治該城，然後是波斯人，接著是阿拉伯人。自
那以後，除了12世紀十字軍短暫地占領耶路撒冷外，
穆斯林一直統治著該城。

* 773年，查理曼攻占義大利北部倫巴底國，自封為王。
* 774年，查理曼將義大利北部併入法蘭克王國。
* 777年，查理曼大帝率軍越過庇里牛斯山，進攻西班牙的阿拉伯國家。
* 783年，查理曼大帝為鞏固侵略成果，約於此時在邊疆先後建立一系列諸侯國。
* 793年，維京人襲擊英吉利海岸。
* 799年，羅馬教廷發生貴族黨派之爭，教宗良三世被逐。良向查理曼求援，查理曼派人護送其回羅馬。
* 800年，查理曼在羅馬由教宗良三世加冕為「羅馬人的皇帝」。

伊斯蘭的世界

　　儘管伊斯蘭帝國經常動用武力，但是有些地區自願接納阿拉伯人作為他們的新統治者，並且建立起十分友善的地方權力。阿拉伯人通常將行政管理權力留給當地的領袖，並尊重已有的土地封號，容忍其他的宗教。穆罕默德及其他的後繼者們繼續進行布教和征服。750年，伊斯蘭帝國的疆土從印度到西班牙，還有撒哈拉沙漠的廣大地區，十分遼闊。在伊斯蘭世界中，宣禮員到一定的時候便站在寺院的尖塔裡，呼喚穆斯林來到富麗堂皇的清真寺做禮拜。

「鐵錘」查理擊退阿拉伯進攻的普瓦捷之戰

711年以後，阿拉伯帝國軍隊由北非渡海，滅亡西哥特王國，占領西班牙全境，接著便多次入侵高盧南部的阿奎丹（Aquitaine）。阿奎丹公爵奧多（Eudo）阻擋不住阿拉伯軍隊的進攻，向法蘭克王國統帥查理求援，查理率軍馳援。同年10月，兩軍在普瓦捷與都爾（Tours）之間遭遇。決戰當天，雙方展開了激戰。阿拉伯軍隊的多次攻擊均被法蘭克軍隊擊退，傷亡慘重。黃昏時分，法蘭克軍隊以右翼實施反擊，攻向阿拉伯軍隊營地。阿拉伯軍隊戰敗回營，又聽說主帥戰死，遂丟棄劫掠的財物當夜南逃。這次會戰使阿拉伯人遭受到自進占西班牙以來最重大的失敗，並從此喪失了北進擴張的能力；而法蘭克人則捍衛了國家的獨立，遏止了阿拉伯國家進一步擴張。查理因此獲得「馬特」這個綽號，意即「鐵錘」的意思。

←圖為普瓦捷之戰的情景。

- 803年，查理曼大帝要求拜占庭皇帝承認其權威，遭拒，查理曼帝國進軍拜占庭的屬地威尼斯，雙方交戰近10年。
- 809年至817年，拜占庭帝國與保加利亞烏基杜爾部的保加爾人（Bulgar）發生戰爭。
- 811年，保加爾可汗克魯姆（Krum）擊敗拜占庭帝國，殺死了皇帝尼塞弗留斯一世（Nicephorus I）。
- 835年，丹麥人進攻英國。
- 840年，丹麥人進攻卡洛林帝國。
- 840年，查理曼帝國皇帝路易一世死後，他的兒子展開混戰。
- 843年，《凡爾登條約》締結，查理曼帝國一分為三，成為後來的法蘭西、德意志和義大利的雛形。

阿拉伯人與阿拉伯數字

阿拉伯人在與印度人進行貿易的同時，從他們那裡學會了一套簡單的記數方法，包括數字「0」在內。在此之前，大部分人使用的都是繁瑣的羅馬數字。今天世界通用的數字都是從阿拉伯數字演變而來的。

→圖為一隊在崇山峻嶺中行進的阿拉伯商隊。

阿拉伯帝國的摩爾人軍隊

　　阿拉伯軍隊的士兵，在當時有很強大的戰鬥力。他們憑藉著宗教熱情和嚴密的組織，常常戰勝對手，取得一個又一個的勝利。但是由於連年對外擴張，戰事頻繁，出現了兵員緊張的情況，不得不召集征服地區的青年來充當士兵。

　　攻打西班牙的這一支阿拉伯軍隊多數由北非摩爾人（Moor）組成，主要為輕騎兵，武器以標槍、刀劍為主，少數人備有甲冑，機動性強，長於快速進攻，但防護能力差。

* 855年，查理曼帝國皇帝洛泰爾（Lothair）去世。領地三分，其長子路易二世得義大利，繼承「皇帝」稱號。
* 865年，保加利亞波利斯（Polis）公爵確定基督教為國教。
* 871年，威塞克斯國王阿爾弗烈德（Alfred）的軍隊在愛丁頓（Ashdown）戰役中打敗維京人，繼而使英格蘭受到阿爾弗烈德與維京人的分割。
* 基輔公國建立。基輔公國的居民多為斯拉夫人，他們把國家叫做羅斯（Kievan Rus'）。

查理曼大帝和他的帝國

751年，矮子丕平自立為法蘭克國王，建立起卡洛林王朝。他死後，其子查理繼位，不斷開疆拓土，幾乎把原西羅馬帝國的高盧地區和日耳曼人的內地全部納入了自己的版圖，建立起作為西歐主宰力量的帝國。800年，他親自帶兵把被趕下臺的教宗良三世護送回羅馬，助其重登教宗寶座，因而良三世把一頂皇冠加在他的頭上，並尊他為「羅馬人的皇帝」。從此歐洲出現了一個查理曼帝國，在西歐歷史上有著舉足輕重的地位。查理曼大帝死後，路易繼位，後來他三分其地給其子。843年，他的三個兒子簽訂了《凡爾登條約》，正式分裂為三個帝國，後來分別發展為法蘭西、日耳曼和義大利。

→圖為查理曼大帝。

早期匈牙利人

　　匈牙利出現於9世紀末馬扎兒人（Magyar）占據多瑙河中游之時，馬扎兒人屬芬蘭－烏戈爾族（Finno-Ugrian），9世紀時組成游牧部落聯盟，包括7個馬扎兒部落和8個突厥哈扎兒部落。該部落聯盟可能就是因此而被稱為「十支箭」，「匈牙利人」之名則源自該詞的斯拉夫語音。892年，卡洛林王朝皇帝阿努爾夫（Arnulf）為了制服其附庸摩拉維亞（Moravian）公爵，遂向當時生活在頓河下游草原西端的馬扎兒人求援。馬扎兒人選舉出阿爾帕德（Arpad）為首領後，大約於896年越過喀爾巴阡山，輕而易舉地征服了中部平原的各族居民。

[↓一位早期的匈牙利武士。]

歐洲的蠻族和維京人

在古代希臘、羅馬農耕世界的北方，有3支比較落後的民族：凱爾特人、日耳曼人和斯拉夫人。希臘人和羅馬人將他們統稱為「野蠻人」、「蠻族」，其中日耳曼人的歷史影響最大。

在西元3世紀和4世紀，中歐的日耳曼部落常常突破羅馬帝國的邊疆防禦，長驅直入去劫掠羅馬，靠搶奪當地的糧食與財產為生。410年，日耳曼人的一支西哥特人還攻陷羅馬城。直到西元8世紀，報應終於到來，輪到日耳曼人自己成為被劫掠的對象了。這些強盜正是他們的近親表兄，即那些居住在丹麥、挪威和瑞典的斯堪的那維亞人（Nordic）。

當這些北歐人在嘗到了搶劫的甜頭和海盜生活自由自在的樂趣之後，就再沒人能阻止他們。他們常常突然登陸某個坐落在河口附近的小村莊，像從天而降的瘟疫，打破小村寧靜，接著便殺光所有男人，掠走全部婦女，然後駕著他們的快船風馳而去。當國王或皇帝陛下的大隊人馬趕到現場時，強盜們早已遠走高飛，只剩下了一堆冒著煙的廢墟。

　　在查理曼大帝去世後，歐洲陷入混亂，北歐海盜活動頻繁，其行徑更加大膽猖獗。他們的海盜船隊光顧了歐洲所有的濱海國家，他們的水手沿荷蘭、法蘭西、英格蘭及德國的海岸，建立起一系列獨立小國；他們甚至遠航到義大利碰運氣。這些北歐人異常聰明，他們很快學會講被征服民族的語言，拋棄了早期維京人（也就是海盜）外表骯髒粗野、行為兇殘野蠻的不文明習俗。

猶太哲人

　　雖然沒有了祖國，可是猶太人聰明的大腦一直沒有停止運轉。在9、10世紀，當進入中世紀的歐洲學術停滯不前的時候，許多猶太人在埃及和馬格里布（Maghreb）從事哲學研究，其中一個名叫伊薩克・所羅門・伊斯瑞利（Isaac Ben Solomon Israeli）的卓越哲學家，他的著作對中世紀的猶太哲學產生了很大的影響。按照他的觀點，上帝通過自己的意志和力量來創造世界。他的預言理論把預言歸功於智力對想像官能形成的影響，這是最早的猶太哲學學說。

↑圖為一名
猶太學者。

* 885年，丹麥軍隊進攻巴黎。
* 900年左右，馬扎兒人從中亞入侵歐洲。
* 919年，德意志撒克遜王朝建立。
* 936年，高麗重新統一朝鮮半島。
* 937年，英格蘭的阿塞爾斯坦王（Athelstan）在布林南布林弗（Brunanburh）之戰中，擊敗丹人（Danes）。
* 947年，德意志國王鄂圖一世（Otto I）封其弟亨利為巴伐利亞公爵。

審問死人的司提凡教宗

　　司提凡（Stephen）是9世紀末的羅馬教宗。他當選前後正值以羅馬為中心的政治鬥爭尖峰時期。司提凡當選教宗，受自己家族勢力的指使，演出教廷史上最駭人聽聞的一幕，即「殭屍會議」。因為他的家族對以前的教宗福爾摩蘇斯（Formosus）恨之入骨，於是在897年，司提凡下令打開福爾摩蘇斯之墓，為已埋葬9個月之久的屍體穿上教宗禮服，支撐在教宗法座上，對其進行審判。司提凡宣布廢黜福爾摩蘇斯，撤銷其所頒諭令，命令拖屍遊街示眾，最後投屍台伯河。但是他自己的下場也好不到哪兒去，幾個月後，司提凡在一次暴亂中被廢，受絞刑而死。

波蘭人接受基督教

　　波蘭國家起源於西斯拉夫人中的諸多部落聯盟，他們具有大致共同的文化與語言。9到10世紀，波蘭人居住在奧得河（Oder）和維斯杜拉河（Vistula）流域，逐漸形成一些小邦。波蘭的歷史上有詳細記載的第一個君主是梅什科一世（Mieszko I），他於966年接受基督教，從此波蘭人信奉了基督教。他的長子博萊斯瓦夫一世（Boleslaw I）於1025年由教宗加冕為波蘭國王。

* 951年，鄂圖一世干預義大利內政，率軍遠征，接受義大利王的封號。
* 973年，阿拉伯數字與符號約於此時傳入西歐。
* 976年，高麗頒布土地制度的法令──「田柴科」。
* 996年，羅伯特二世（ROBERT II）即法國皇位。德意志國王鄂圖三世進入羅馬，接受教宗的加冕。

丹麥海盜、諾曼第公爵和英國國王

　　9世紀中期，丹麥的維京人開始進行對外擴張。885年，他們圍攻巴黎長達數星期之久，但是在倭德（Odo）伯爵的帶領下，巴黎人進行了頑強的抵抗。最後，這些丹麥人只得撤走。倭德伯爵其後也成了西法蘭克的國王。到了西元10世紀初期，一個叫羅洛（Rollo）的維京人多次侵擾法國海岸地區。當時的法國國王「傻瓜」查理懦弱無能，無法抵禦這些北方的兇悍強盜。於是，他想出一個法子，想賄賂他們「做良民」。他允諾，如果他們保證不再騷擾他的其餘屬地，他就把諾曼第（Normandy）地區奉送給他們。羅洛同意了這筆交易，定居下來作了「諾曼第

公爵」。諾曼第是拉丁語「北方人」的意思，因為維京人源自北歐。11世紀，這些北歐海盜的後代穿越了英吉利海峽，打敗了英國軍隊，征服了英國。當時的諾曼第公爵一躍變成英國國王威廉一世。圖為倭德伯爵抵抗維京人。

丹麥入侵英格蘭

西元800年左右，丹麥人開始入侵英格蘭。西元874年，他們征服了除威塞克斯國之外的所有王國。威塞克斯國王阿爾弗烈德是個很有才能的軍事家，他成功地抵禦了丹麥人的入侵，還奪回部分被丹麥人占領的英格蘭領土。後來他的孫子成為了整個英格蘭的國王。圖為阿爾弗烈德國王。

---

* 997年，法蘭西諾曼第農民起義。匈牙利國王宣布基督教為國教。
* 1014年，丹麥進入最強盛時期，其版圖包括英格蘭、挪威、瑞典的一部分。德意志王亨利二世遠征義大利，擊敗義大利王，加冕為帝。義大利與德意志重歸統一。
* 1014年，庫侖塔夫（Clontarf）之戰中，愛爾蘭國王布萊恩·博魯（Brian Boru）打敗了維京人，自己也戰死沙場。
* 1027年，德意志國王康拉德二世（Konrad II）在羅馬加冕為帝。匈牙利國王司提溫一世奪取隸屬波蘭的斯洛伐克。
* 1032年，勃艮第王國（Burgundy）併入神聖羅馬帝國版圖。

「虔誠者」羅伯特二世被逐出教會

　　10世紀初的法國國王，外號虔誠者。羅伯特原來的領地不大，他為了擴大勢力，不斷攫取那些出現空位的采邑，如勃艮第公爵死後無嗣，他就與要求取得該領地權利的人交戰，但一直到1015年才降服這個富饒的公國。

歐洲的采邑制度

　　采邑是國王向封建主分封土地的制度。它有一系列條件：其一，封主要服騎兵役；其二，只限封主終身使用，不世襲。若要繼承或取得采邑，必須重新履行受封儀式，重新進行效忠宣誓。采邑制度加速了歐洲封建化的進程，也奠定了騎士制度的基礎，但是在封主交替之際常常引發戰爭。

—* 1049年，德皇亨利三世另立德意志主教為羅馬教宗，即良九世。

—* 1051年，諾曼第公爵威廉來英格蘭，英王愛德華宣布其為王位繼承人。

—* 1054年，基督教的東、西部教會正式分裂。基輔羅斯解體。

—* 1055年，塞爾柱土耳其人（Seljuk Turks）首領圖格里勒‧伯克（Tughril Beg）統軍，攻陷巴格達並自封為蘇丹（Sultan）。

—* 1066年，諾曼第公爵威廉擊敗哈樂德（Harold Godwinson），成為英王，稱威廉一世，英國歷史上稱為「征服者威廉」。諾曼王朝開始。

匈牙利人接受基督教

西元975年，馬扎兒（匈牙利人的自稱）的領袖蓋薩（Geza）大公爵成為基督教徒。6年後，他的兒子司提溫（Stephen）被教宗接納為匈牙利第一任國王。司提溫是一個虔誠的基督教徒，後來他成了聖徒。匈牙利在他的治理下國泰民安，大部分的馬扎兒人都成了基督教徒。

→圖為匈牙利國王聖司提溫胸像。

伊戈爾的遠征

伊戈爾‧斯維亞托斯拉維奇（Igor Sviatoslavich）是俄國一位公爵，1185年率部遠征庫曼人，因寡不敵眾，全軍覆沒，自己也負傷被俘，但最終他得以逃脫返回祖國。伊戈爾雖然失敗了，但他的英雄事蹟受到俄國人的頌揚。俄國敘事詩《伊戈爾遠征記》講的就是這個故事。

→維京人的
出擊。

↓伊戈爾遠
征的場景。

* 1070年，英王威廉一世在全國逐步推行法國式的封建制度。
* 1071年，突厥人與拜占庭大軍會戰於曼西喀特（Manzikert）城堡前。拜占庭戰敗，皇帝羅曼努斯四世（Romanus IV）受傷被俘。
* 1072年，英王威廉一世征服蘇格蘭。
* 1075年，英王威廉一世圍攻布列塔尼（Brittany）的都爾，被法王腓力一世擊退。稍後兩國媾和。

弗拉基米爾王子受洗

弗拉基米爾（Vladimir）於西元978年成為基輔王子。他透過強迫人們集體受洗的形式，讓人們加入基督教。由於他讓許多人成為基督教徒，所以在他死後被奉為聖徒。

[↓這幅畫表現的是正在受洗的弗拉基米爾。]

[↓俄國著名畫家瓦斯涅佐夫（V. M. Vasnechov）筆下早期的俄羅斯勇士。]

→坐落在原始森林裡的吳哥窟古建築群。

吳哥窟

東南亞最富強的國家由高棉人統治，首都吳哥建造在一個湖泊旁，人口約有50萬。1400年，高棉國王的勢力軟弱不堪，人民起義此起彼伏。1431年，吳哥人敗給了素可泰王國（Sukhothai）的軍隊。兩百年後，大國被一些小的王國所取代。吳哥窟漸漸被人們淡忘，宏偉的建築群也逐漸被原始森林所覆蓋，直到上個世紀才被人們發現。

←西方藝術家眼中的東南亞民俗，一位婦女正在祭奠死去的親人。

* 1084年，諾曼酋長吉斯卡爾（Robert Guiscard）率軍攻入羅馬，驅逐德皇亨利四世，並大肆劫掠，教宗額我略七世（Gregorian VII）隨諾曼第人而去。
* 1090年，英王威廉二世侵入諾曼第。拜占庭與保加利亞的戰爭又起。
* 1095年，烏爾班二世（Urban II）在克萊蒙（Clermont）號召第一次十字軍東征。
* 1096年，十字軍東征，教士彼得屠殺猶太人，在小亞細亞被殲滅，潰敗撤退。
* 1097年，十字軍與拜占庭皇帝亞歷克修斯一世（Alexius I）衝突，進入小亞細亞。

修道士與手稿

絕大多數的蠻族人不會閱讀和書寫，但修道士能夠保證學問的世代流傳，他們在修道院裡保留了許多宗教書籍，並且抄寫許多精美的副本。這些用手抄寫的書被稱為手稿，通常還配以精美的插圖。

[↓圖為一名中世紀修道士。]

[→圖為波蘭人的首領和他的部落。]

窮人十字軍成了犧牲品

十字軍遠征參加者的衣服上縫有用紅布製成的十字，因此稱為「十字軍」。1096年2月份，第一支幾乎全由農奴和貧農組成的8萬人十字軍隊伍出發了。他們以為，參加十字軍，就可以安居樂業，就能夠逃避債務，不管是殺人或被殺，靈魂都將直升天堂。渡過萊茵河之後，這些窮人十字軍們才發現自己沒有任何補給。於是，他們在歐洲這片自己的土地上，像強盜一樣開始沿途燒殺搶掠。

1096年秋天，十字軍終於抵達拜占庭的帝都君士坦丁堡，此時只剩下3萬人左右。拜占庭皇帝卻嫌棄他們，拒絕讓他們進城，讓他們到小亞細亞去打塞爾柱土耳其人。沒有統一的指揮，沒有具體的作戰計畫，只是懷著對「異教徒」的仇恨，他們就向塞爾柱土耳其人的重鎮尼西亞（Nicea）撲去。結果大敗，絕大多數人戰死，還有一部分是病死或被俘當了奴隸，倖存者不足3000人。

* 1098年，法蒂瑪（Fatima）王朝占領耶路撒冷。經過阿什克倫（Ascalon）戰役，十字軍攻下安條克（Antioch）。
* 1099年，十字軍占領耶路撒冷，法蘭克人在這裡建立王國。
* 1101年，威廉二世之子諾曼第公爵羅伯特率兵侵入英國，不久與英王亨利一世簽約議和。
* 1102年，十字軍將領博杜安一世（Baldwin I）在拉姆勒（Ramla）獲勝，占領塞薩雷。
* 1107年，義大利米蘭共和國成立。
* 1108年，法王腓力一世與教宗達成關於冊封權的協定。腓力一世去世，其子路易六世即位。
* 1109年，法王路易六世與英王亨利一世發生戰爭。波蘭軍隊在博萊斯瓦夫三世帶領下，擊敗德皇亨利五世的軍隊，阻止了德意志人的東進。

拜占庭帝國進入全盛期

9世紀初至11世紀初，拜占庭帝國國力臻於全盛。隨著政治、經濟、軍事實力的增長，使拜占庭皇帝們能夠發動再征服戰爭。他們重新收復克里特島和賽普勒斯島，制止了阿拉伯海軍對愛琴海域的侵襲。帝國的疆土也擴大到敘利亞北部、亞美尼亞和格魯吉亞。巴爾幹半島北部的保加利亞人的居住地，一直是帝國的威脅，1014年拜占庭皇帝巴西爾二世（Basil II）在巴爾幹半島北部取得決定性勝利，從此被稱為「屠殺保加利亞人的劊子手」。

[→圖為繪畫作品
中的拜占庭皇帝
巴西爾二世。]

十字軍東侵的歷史背景

11世紀，東方商品已輸入西歐，刺激了西方封建主的貪欲。失去領地繼承權的「光頭騎士」對東方財富的垂涎，和破產農民急於尋找生活出路的渴望，是十字軍東侵的主要原因。同時，羅馬教廷正在發展成為一種超國家的政治權力，為了提高自己的威信，教宗不惜煽動宗教狂熱，鼓動基督徒去與異教徒作戰。而拜占庭對土耳其作戰的失利，使十字軍東侵有機可乘。

[←圖為一位中世紀的教宗像。]

—＊ 1112年，法國琅城（Laon）市民起義。

—＊ 1113年，土耳其人進軍，博杜安一世在太巴列（Tiberias）戰敗。

—＊ 1115年，十字軍與大馬士革的阿塔貝克（Atabeks）結盟。特勒達尼特戰役中博杜安一世攻占摩艾伯（Moab）。

—＊ 1116年到1118年，博杜安一世進攻埃及。

—＊ 1117年至1118年，阿拉伯人重新占領薩拉戈薩（Zaragoza）。

—＊ 1119年，特拉基布蘭戰敗。安條克國王羅傑（Roger）遇刺身亡。

—＊ 1124年，十字軍占領蒂爾（Tyre）。

「合法的篡位者」馬克白

　　馬克白（Macbeth）是11世紀的蘇格蘭國王，後來的莎士比亞還以他的生平事蹟創作了《馬克白》。他曾在埃爾金附近的戰鬥中殺死自己的堂兄弟國王鄧肯一世（Duncan I）後，自立為國王，但最後還是被得到英格蘭支援的鄧肯一世之子馬科姆（Malcolm）殺死。死後葬在愛奧納島（Iona），該地被認為是合法國王而非篡位者的長眠之地。

↑圖為1098年的安條克戰役，城中濃煙上騰如雲，近景的弓箭手正在向執藍把旗的敵軍射箭，而高地上，在眾多軍士的護衛中，國王舞劍指揮，主教則高舉聖殿的模型祈禱。

十字軍攻占安條克

1098年，經過5個月的艱苦圍攻，土耳其南部的要塞安條克落入十字軍之手。

1097年，由德國人、弗萊芒人（Flemish）組成的十字軍雜牌軍浩浩蕩蕩地向耶路撒冷前進。當他們冒著酷暑不遠千里穿過安納托利亞高原抵達安條克時，已經是10月了。在饑餓和寒冷的威脅下，十字軍士氣低落。照理說，這樣一支隊伍沒有什麼取勝的希望，但由於守衛安條克的土耳其軍出了內奸，使十字軍得以順利進城，攻占了安條克。

- ☀ 1124年，英法為爭奪諾曼第主權，再度交戰。
- ☀ 1125年，穆斯林占領阿勒坡（Aleppo），後在阿齊茲（Atsiz）被博杜安二世擊退。
- ☀ 1129年，法王路易六世與亨利一世媾和。
- ☀ 1130年，諾曼人建立西西里王國，羅馬教宗予以承認。
- ☀ 1130年，塞爾柱土耳其人首領曾吉（Zengi）占領哈馬（Hama），進攻安條克。
- ☀ 1135年，阿方索七世（Asturias VII）改稱「全西班牙皇帝」。
- ☀ 1138年，波蘭分裂為4個公國。
- ☀ 1139年，葡萄牙王國建立。
- ☀ 1143年，葡萄牙成為獨立王國。
- ☀ 1142年，十字軍在奧龍特河（Oronte）被曾吉打敗。

歐洲掀起第一次排猶浪潮

　　教宗烏爾班二世曾允諾：參加十字軍者可以免除教會規定的其他苦行方式；所有十字軍戰士在來世完全不會受到煉獄的懲罰；如果他們死在東征途中，其靈魂將直接升入天堂。所以人們為此蜂擁前往參加東征。但由此卻產生了一個可怕的後果：由於歐洲人一直視猶太人為異教徒，他們還未動身前往東方，就迫不及待地殺戮歐洲的猶太人，掀起了西方第一次反猶的浪潮。

[←圖為正在密商
的教宗和主教。]

對耶路撒冷屠城的十字軍

　　十字軍奪取聖地耶路撒冷後，對該城進行空前的血洗，暴行持續了一周。單在一所寺院裡，就有約1萬名避難者慘遭屠戮。十字軍騎馬走過屍體狼藉的地方，血染馬腿到膝。寺院、宮殿和民間的金銀財物被搶劫一空，許許多多的古代藝術珍品被毀。

↑圖為攻占耶路撒冷的十字軍，他們正因為攻克這座聖城而激動不已，地上是被他們殺害的「異教徒」，隊伍前面的那位修士是彼得。

* 1143年至1145年，拜占庭人和安條克人爆發衝突，雷蒙（Raymond）屈服。
* 1144年，英國與諾曼第公爵分裂。
* 1144年，阿拉伯人攻陷伊德薩公國（Edessa），震驚了整個歐洲。羅馬貴族建立共和國，僅承認教宗在宗教上的權力，教宗向德皇求援。
* 1145年，羅馬共和國向德皇投降。
* 1146年，突厥人努爾丁（Nur ad-Din）繼承曾吉王位，聖伯爾納（St. Bernard）發出第二次十字軍東征號召。
* 1147年，帕貝爾人的伊斯蘭國家穆瓦希德王朝（Almohad）占領穆拉比特王朝（Murabit）的首都瑪拉克修（Marrakesh），之後繼續遠征西班牙、阿爾及利亞。
* 1148年，十字軍圍攻大馬士革失敗。
* 1149年，努爾丁攻占阿帕梅（Apamee），殺死雷蒙。
* 1153年，博杜安三世占領阿什克倫。

德國皇帝巴巴羅薩遠征義大利

正當歐洲的基督徒忙於與穆斯林作戰的同時，他們的後院也沒太平。1152年起，德國皇帝巴巴羅薩（Barbarossa）為了實現支配歐洲各國的野心，先後6次遠征義大利。巴巴羅薩就是腓特烈一世（Friedrich I），紅色的鬚眉為其特徵，巴巴羅薩就是紅鬍子的意思。

[←圖為德國畫家杜勒（Albrecht Durer）筆下的中世紀德國騎士。]

十字軍的騎士團

為了保護朝拜「聖地」活動，許多宗教騎士團成立了，如法國騎士組成的聖殿騎士團、義大利人的醫院騎士團和德意志騎士的條頓騎士團等。他們為十字軍提供海運船隻和海軍，攻掠沿海城市，分享戰利品，占有土地，享有特權。

←圖為一名騎士團成員告別親人前去參加十字軍遠征。

↓圖為普魯士人向他表示致敬。

普魯士人向波蘭國王卡齊米日四世致敬

卡齊米日四世（Kazimierz IV）是15世紀後期的波蘭國王和立陶宛公爵。他在位時，他的國家是歐洲東部的第一強國。當時普魯士土地上的主人與波蘭人一樣，同屬於斯拉夫族。他幫助普魯士人趕走了霸占普魯士土地多年的條頓騎士團，贏得了普魯士人的敬意。

- ＊ 1154年，努爾丁占領大馬士革。
- ＊ 1154年，亨利二世即位英國國王，英國金雀花（Plantagenet）王朝開始。亨利在法國的大部分領土併入英國。德皇腓特烈一世第一次遠征義大利，以期恢復帝權。
- ＊ 1156年，德意志封建王公會議，作出關於「選帝侯」的若干決定，自此，選帝侯逐漸成為左右德意志政治的重要勢力。
- ＊ 1157年，威尼斯銀行成立。德皇腓特烈一世征服波蘭。
- ＊ 1158年，歐洲最古老的大學——波隆那（Bononia）大學在義大利建立。德皇腓特烈一世第二次遠征義大利。
- ＊ 1158年，博杜安三世重新占領哈里姆（Harim）。努爾丁在布塔拉（Butaila）戰敗。
- ＊ 1159年，法蘭克人與拜占庭人聯合圍攻阿勒坡。

十字軍與穆斯林的戰鬥

　　從政治和軍事觀點來看，十字軍東征是一場徹底的失敗。雖然十字軍曾在敘利亞、巴勒斯坦及小亞細亞建立起一系列小的基督教王國，但它們最終仍一一被土耳其人重新占領。到西元1244年，耶路撒冷仍穩穩控制在穆斯林手中，最後變成了一個完全穆斯林化的城市。

→圖為十字軍與穆斯林軍隊在進行激戰。

十字軍東征大事年表

第一次十字軍東征（1096年～1143年）	
1095年	烏爾班二世在克萊蒙號召第一次十字軍東征。
1096年	十字軍東征，教士彼得屠殺猶太人，在小亞細亞被殲滅，潰敗撤退。
1097年	十字軍與拜占庭皇帝亞歷克修斯一世衝突，進入小亞細亞。
1098年	法蒂瑪王朝占領耶路撒冷，十字軍拿下安條克，博希穆德（Bohemond）成為安條克君主，博杜安成為伊德薩伯爵。的黎波里（Tripoli）成為公國，阿什克倫戰役。
1099年7月	十字軍占領耶路撒冷，法蘭克人的王國在耶路撒冷建立，戈德菲（Godfrey）當上國王，只接受「聖墓的保護者」的稱號。
1100年	威尼斯和法蘭克人王國締結貿易協定。
1100-1118年	耶路撒冷國王博杜安一世在位。
1101年	幾次派遣援軍均告失敗。
1102年	博杜安在拉姆勒獲勝，占領塞薩雷。
1103年	土耳其人在哈蘭打勝仗。拜占庭人要求收回安條克。
1106年	唐克雷德（Tancred）占領拉奧迪塞。
1108年	博希穆德受俘於亞歷克修斯一世。
1109年	貝特朗（Bertrand）占領的黎波里和貝魯特（Beirut），建立的黎波里公國。
1110年	博杜安一世占領西頓（Sidon），進攻的黎波里。
1112年	羅傑繼承唐克雷德為安條克君主。
1113年	土耳其人進軍，博杜安一世在太巴列戰敗。
1115年	十字軍與大馬士革的阿塔貝克結盟。特勒達尼特戰役中，博杜安一世攻占摩艾伯。
1116-1118年	博杜安一世進攻埃及。
1117-1118年	阿拉伯人重新占領薩拉戈薩。
1118-1131年	耶路撒冷國王博杜安二世在位。
1119年	特拉基布蘭之敗，羅傑遇刺身亡。

1124年	十字軍占領蒂爾。
1125年	穆斯林占領阿勒坡，後來在阿齊茲為博杜安二世所擊退。
1126年	博杜安到達大馬士革。
1128年	曾吉控制阿勒坡。
1130年	曾吉占領哈馬，進攻安條克。
1131-1143年	耶路撒冷國王富爾克一世（Fulk I）。
1135年	曾吉進入的黎波里公國。
1136年	雷蒙成為安條克君主。
1137年	富爾克在巴蘭（Barin）投降。
1138年	安條克君主雷蒙承認約翰・康尼努斯（John II Comnenus）為最高主權。
1139年	富爾克和大馬士革結盟對付曾吉。
1140年	曾吉從大馬士革撤兵。
1142年	十字軍在奧龍特河被曾吉打敗。
1143-1145年	拜占庭人和安條克人又起糾紛，雷蒙屈服。
1143-1154年	托羅斯二世（Toros II）把拜占庭人逐出西里西亞。
第二次十字軍東征（1144年～1187年）	
1144年	曾吉占領伊德薩公國。
1146年	努爾丁繼承曾吉王位，聖伯爾納在韋茲來（Vezelay）發出號召，由法王路易七世（Louis VII）和日耳曼皇帝康拉德三世（Conrad III）率領十字軍展開第二次東征。
1148年	包圍大馬士革失敗，康拉德和路易返回歐洲。
1149年	努爾丁攻占阿帕梅，殺死雷蒙。
1153年	博杜安三世占領阿什克倫。
1154年	努爾丁占領大馬士革。
1155-1156年	雷諾（Renault）洗劫賽普勒斯。
1158年	博杜安三世重新占領哈里姆，努爾丁在布塔拉戰敗。
1159年	安條克承認曼努埃爾（Manuel I）為君主，法蘭克人與拜占庭人聯合圍攻阿勒坡，拜占庭與努爾丁講和。

1160年	雷諾被努爾丁俘虜。
1162年	博杜安三世的繼承者阿莫利一世（Amaury I）。
1164年	努爾丁占領哈里姆。
1167年	希爾庫赫（Shirkuh）在埃及，阿莫利一世攻克開羅。
1168年	薩拉丁（Saladin）任埃及首相，法蘭克人與拜占庭結盟，包圍達米埃塔（Damietta）。
1170年	阿莫利在死海痛擊努爾丁，在加薩（Gaza）攻打薩拉丁。
1171年	薩拉丁推翻開羅法蒂瑪王朝的哈里發。
1174年	努爾丁和阿莫利一世去世。博杜安四世即位，薩拉丁奪取敘利亞政權。
1177年	薩拉丁被博杜安四世擊敗。
1179年	薩拉丁入侵蒂爾。
1180年	薩拉丁和博杜安四世休戰。
1182年	薩拉丁進攻納紮萊特、太巴列、貝魯特。
1183-1184年	薩拉丁占領阿勒坡，劫掠撒馬利亞（Samaria）和加利利（Galilee）地區。
1185年	博杜安四世去世，王位不久由蓋伊·呂西尼昂（Guy de Lusignan）繼承。
1187年	薩拉丁在哈廷（Hattin）擊敗十字軍，攻克耶路撒冷。

第三次十字軍東征（1189年～1194年）

1187年	蒂爾大主教號召第三次十字軍東征，由神聖羅馬皇帝「紅鬍子」腓特烈一世、法王腓力二世和英王「獅心王」理查一世率領。
1188年	除了的黎波里、蒂爾和安條克外，薩拉丁占領法蘭克人的全部領土。
1189年	蓋伊·呂西尼昂包圍阿克（Akko）。
1190年	腓特烈一世進入小亞細亞，占領科尼亞（Iconium），後來溺死。
1191年	腓力二世和獅心王理查率十字軍東征，理查攻克賽普勒斯，占領聖約翰達克，薩拉丁在阿爾蘇夫（Arsuf）戰敗。
1192年	蓋伊·呂西尼昂拿下塞浦路易；出身香檳區的亨利二世成為耶路撒冷國王；蒂爾的領主蒙特菲拉特（Marchese di Montferrat），被阿薩辛派（Assassins）刺殺；英王理查在雅法（Jaffa）打擊薩拉丁，敗於耶路撒冷城前，返回西方，後於奧地利被俘。

1193年	薩拉丁去世。
1194年	阿莫利繼承蓋伊·呂西尼昂的賽普勒斯王位，亨利二世去世，伊貝蘭（Ibelin）的約翰一世成為貝魯特領主。
第四次十字軍東征（1202年～1204年）	
1199年-1220年	穆罕默德統治時期，富爾克宣布，由蒙特菲拉特的博尼費斯二世（Boniface II）和法蘭德斯（Flanders）伯爵博杜安九世（Baldwin IX）同率十字軍東征。
1204年	十字軍占領君士坦丁堡，建立了東方的拉丁帝國（1204～1261年）。

第五次十字軍遠征（1217年～1221年）

奧地利公爵良波六世（Leopold VI）和匈牙利國王安德列二世（Andrew II）率領十字軍聯合部隊對埃及進行遠征。十字軍在埃及登陸後，攻占了達美塔（Damietta）要塞，但被迫與埃及蘇丹訂立停戰協定並撤離埃及。

第六次十字軍遠征（1228年～1229年）

在神聖羅馬帝國皇帝腓特烈二世的率領下，使耶路撒冷在1229年暫時回到基督教徒手中，但1244年又被穆斯林奪回。

第七次十字軍遠征（1248～1254年）和第八次十字軍遠征（1270年）

是法國國王「聖者」路易九世先後對埃及和突尼斯進行的兩次遠征，但這兩次遠征均遭失敗。

↑行進中的十字
軍隊伍。

—* 1161年，拜占庭與匈牙利發生戰爭。

—* 1162年，英國大臣湯瑪斯・貝克特（Thomas Becket）任坎特伯雷大主教。德皇腓特烈一世率兵

圍攻米蘭，米蘭投降後仍被焚燒。羅馬教宗亞歷山大三世因未得到教廷的承認，逃到法國避難。

—* 1163年，德皇腓特烈一世第三次遠征義大利。

—* 1164年，義大利北部諸城組成反對皇帝的同盟，稱「倫巴底同盟」。

偉大的伊斯蘭文化

　　阿拉伯商人的足跡遍
布亞、非、歐三大洲，巴格
達成為著名的國際貿易中心
之一。經濟的發展促進了科
學文化的進步與繁榮，在各
族人民的共同努力下，創造
出光輝燦爛的阿拉伯文化，
為世界文明的發展作出了偉
大貢獻。伊斯蘭教已成為
埃及、敘利亞、伊拉克、波
斯、北非等地大部分居民共
同信仰的宗教。

[→圖為一位讀
書的伊斯蘭學
者。]

↑圖為巴黎聖母院。

建造巴黎聖母院

　　1163年，教宗亞歷山大三世在塞納河中的斯德島上為巴黎聖母院舉行了奠基典禮。一直到1240年，這座大教堂才大致上竣工。它堪稱歐洲早期哥德式建築和雕刻藝術的代表，以其規模宏偉、結構勻稱而著稱於世。

★ 1164年，摩蘇爾（Mosul）的努爾丁人再次奪回哈里姆。

★ 1166年，德皇腓特烈一世第四次遠征義大利。

西歐異端運動興起

11世紀下半葉，義大利、法蘭西、德意志等西歐地區的農民和城市市民，先後進行了反抗羅馬教會封建神權統治的異端運動。異端運動不是否定基督教的基本信仰，而是譴責教會的腐化，否認教宗的權威。此運動在12世紀到13世紀發展到最高潮。

←圖為一位修道士學者正在進行研究。

中世紀的歐洲農村生活

在中世紀，絕大部分人生活在鄉村裡。貴族擁有鄉村及附近所有的土地和奴隸，農民則需要用錢和食物換取耕種的土地，而另一些被稱作農奴的人還需要兼任一些為地主服務的工作。所有的村民都在地裡幹活，但磨坊工人和鐵匠則要幹其他的活，村民們提供他們食物作為工作報酬。

* 1170年，法蘭克王國阿莫利一世在死海擊敗努爾丁，又在加薩攻打薩拉丁。
* 1171年至1172年，英王亨利二世入侵並占領愛爾蘭。
* 1174年，蘇格蘭王「獅子」威廉率軍入侵英國，失敗後被俘，承認英王為宗主。德皇腓特烈一世第五次遠征義大利。
* 1177年，薩拉丁在蒙吉薩爾（Montgisard）被博杜安四世擊敗。
* 1179年，薩拉丁入侵蒂爾。
* 1180年，法王腓力二世與英王亨利二世締結「六年同盟」。巴黎開始建造羅浮宮。

薩拉丁攻陷耶路撒冷城

　　1187年，薩拉丁在哈廷擊敗十字軍，攻陷耶路撒冷。耶路撒冷的法蘭克人經過激烈抵抗後提出：如果薩拉丁不讓他們活命，他們就把城裡的人統統殺光，燒毀所有的清真寺，把歐麥爾清真寺夷為平地。薩拉丁因而做出了讓步，不對1099年的屠殺進行報復。

義大利的城市國家

　　義大利地處東西方交通的要道，十字軍東征開始以後，東西方貿易更為發達，義大利的工商業日益繁榮，成為資本主義因子最早出現的地方。到了13世紀，義大利北部的熱那亞、威尼斯、佛羅倫斯、米蘭等城市，皆已成為巨大的經濟中心，出現強大的早期資產階級。他們依靠人民的力量，推翻封建統治，並取得自治權，建立了共和國。

　　但從整個義大利來說，經濟發展並不平衡，政治上更是四分五裂。羅馬教宗和神聖羅馬帝國皇帝為了統治義大利和掠奪財富，彼此進行長期的鬥爭；各城市內部的不同人們之間也存在著矛盾和衝突。這種狀況持續了幾個世紀，直到19世紀中後期義大利統一才結束。

[↓圖為佛羅倫斯遠眺。]

- 1182年，薩拉丁進攻納紮萊特、太巴列、貝魯特。
- 1185年，第二保加利亞王國建立，約翰・亞琛（John Asen II）為國王。
- 1187年，拜占庭皇帝伊薩克（Isaac II Angelus）與埃及蘇丹薩拉丁訂立同盟，防止十字軍。拜占庭被迫承認保加利亞獨立。埃及蘇丹薩拉丁在位於太巴列湖附近的哈廷戰役中，擊敗十字軍，同年10月進占耶路撒冷。蒂爾大主教號召第三次十字東征，由神聖羅馬帝國皇帝腓特烈一世、法王腓力二世和英王理查一世率領。

穆斯林英雄薩拉丁

薩拉丁是十字軍入侵時期最著名的穆斯林英雄，他團結各穆斯林地區，整編軍隊，採用新的軍事技術，加強了自己的軍隊。1187年他以全部力量與十字軍作戰，使穆斯林很快就席捲了幾乎整個耶路撒冷王國。10月，薩拉丁給予十字軍最致命的打擊，奪回被歐洲人占領了88年的耶路撒冷。當年基督教徒征服耶路撒冷時，曾對城內居民進行野蠻的大屠殺，而薩拉丁的軍隊入城後極為文明，對百姓彬彬有禮。在十字軍發動第三次東侵期間，儘管軍中有「獅心王」理查一世這樣出類拔萃的軍事天才，但是有薩拉丁屹立在他們面前，他們仍然一無所獲。薩拉丁最偉大之處正在於此。

薩拉丁征服開羅

西元969年，來自敘利亞一支叫「法蒂瑪」的穆斯林控制了埃及。他們建立了獨立的王國，並定都開羅，開羅隨即被建設得繁榮富饒。法蒂瑪王朝在延續了200多年後，被阿拉伯領袖薩拉丁所征服。

←這幅畫是19世紀的藝術家筆下的開羅。

─ ＊ 1189年，十字軍第三次東侵。

─ ＊ 1190年，拜占庭承認塞爾維亞的獨立。

─ ＊ 1190年，腓特烈一世進入小亞細亞，占領科尼亞後溺死。

─ ＊ 1191年，理查攻克賽普勒斯，占領聖約翰達克，薩拉丁在阿爾蘇夫戰敗。英國坎特伯里大主教
哲夫利（Reginald FitzJocelin）與英王理查之弟約翰聯合執政。

─ ＊ 1192年，十字軍攻下賽普勒斯，亨利二世成為耶路撒冷國王。英王理查從拜占庭手中奪取賽普
勒斯島，建立賽普勒斯王國。

基督徒的朝聖

在中世紀，許多基督徒不怕艱辛，進行長途旅行去禮拜基督，這就是我們說的朝聖。朝聖的地點或者是耶路撒冷，或者是羅馬，也有許多人去西班牙聖詹姆斯神殿；在英國，聖徒通常去坎特伯里的聖湯瑪斯・貝克特陵墓。一方面，他們以此顯示對上帝的敬愛；另一方面，他們相信上帝能夠寬恕他們的罪行，並且治癒他們的疾病。但是由於路途遙遠，有許多人死在朝聖的途中。

↑圖為第三次十字軍東征，在腓力二世與「獅心王」理查的率領下，經過11個月的包圍，終於攻陷了阿克。托勒密將城門鑰匙交給「獅心王」理查。

「獅心王」理查一世

理查一世是英國12世紀後期的國王，僅統治6個月，在國內無政績可言；然而他在第三次十字軍東征中所表現出來的騎士風度，使自己成為後世無數傳奇中的英雄人物。1191年9月，他在阿爾蘇夫取得重大勝利，十字軍占領了雅法；理查引軍兩度進逼到離耶路撒冷幾公里的地方。又經過一年小規模的戰鬥，理查於1192年9月與薩拉丁訂立一個3年停戰協定，為基督教和平朝拜者爭取到了前往耶路撒冷的自由通行權。

* 1196年，德皇亨利六世長子腓特烈被選為羅馬人之王。
* 1198年，德國條頓騎士團在阿克建立。
* 1201年，羅馬教宗依諾增爵三世（Innocent III）承認德國鄂圖皇帝。拜占庭承認保加利亞對巴爾幹半島東部地區的占有。
* 1202年，法王腓力二世征服諾曼第。蒙特菲拉特的博尼費斯二世和法蘭德斯伯爵博杜安九世同率十字軍第四次東征。

向耶路撒冷挺進的理查一世

在第三次十字軍東征中，儘管「獅心王」理查曾兩次擊敗薩拉丁，但最後還是在耶路撒冷城前被薩拉丁打敗，想用武力奪回耶路撒冷是永遠也不可能了。理查在返回歐洲途中被俘。

↓圖為向耶路撒冷挺進的英王理查。

歐洲中世紀的騎士

　　只有經過嚴格訓練的貴族子弟，才能成為國王或貴族身邊的騎士。比武是騎士們最喜愛的活動。通常由兩位騎士騎在馬上互相攻擊對方，以把對方擊落馬下為勝利。在這幅畫裡，一位比武的優勝者正將勝利的王冠獻給他心愛的姑娘，這位姑娘周圍的同伴則呈現出不同的表情，有的羨慕，有的嫉妒。

- ✴ 1203年，十字軍進抵君士坦丁堡，拜占庭皇帝亞歷克修斯三世逃往義大利。
- ✴ 1204年，法軍攻陷加來（Calais），英王約翰逃回英格蘭，其在歐洲大陸的領地大部分被併入法國版圖。十字軍攻陷君士坦丁堡，將其焚燒七日，在拜占庭領土上建立「拉丁帝國」（Latin Empire）。拜占庭帝國分裂。
- ✴ 1205年，保加利亞在亞德里亞堡大敗十字軍。
- ✴ 1208年，法國南部阿爾比派（Albigenses）「異端」盛行。教宗依諾增爵三世組織十字軍前往鎮壓，阿爾比派戰爭爆發。
- ✴ 1209年，英王約翰被教宗依諾增爵三世革除教籍。劍橋大學成立。
- ✴ 1212年，腓特烈二世加冕為羅馬人之王，與法王腓力二世結盟。法、德等國組織十字軍。

穆斯林的生活

　　穆斯林指的就是穆斯林。伊斯蘭教裡沒有像基督教的「看護羊群的牧人」，即那些需要眾人掏腰包供養的教士和主教們。穆斯林的清真寺，僅僅是巨大的石砌大廳，裡面不設桌椅板凳，信徒們可以在此聚集，閱讀和討論聖書《可蘭經》裡的某個章節。不過對一般的穆斯林來說，他們的信仰與生俱來，從不覺得伊斯蘭教的戒條和規矩對他們是身心的束縛。每天五次，他們面朝聖城麥加的方向，念誦禱詞。其餘時間裡，他們把世界交給阿拉去管理，以極大的耐心和順從，接受命運安排給自己的一切。這種對待生活的態度，給予了每個穆斯林相當程度的內心滿足。它使人們心平氣和地對待自身、對待棲身的世界。

↓圖為伊斯蘭教負責講經和主持宗教儀式的阿訇。

十字軍攻占君士坦丁堡

　　十字軍似乎忘記了君士坦丁堡的居民也是他們的基督教同胞，他們架起飛橋（即綁在船桅頂的木板）和雲梯攻擊君士坦丁堡的城牆。西元1203年君士坦丁堡第一次被十字軍攻陷，這是該城高大堅固的城牆第一次被攻破。1204年4月9日，十字軍再次攻陷君士坦丁堡，並在那裡建立了一個傀儡政權。

路易九世

　　西元1248年，法王路易九世帶領3000名騎士開始了第七次十字軍東征。1250年起，他在聖地耶路撒冷住了4年。他鞏固要塞，試圖讓拉丁帝國更加團結。1259年4月6日，他在埃及曼蘇拉（Elman）被俘，在交付40萬金幣之後贖回自由。路易九世在著手進行第八次十字軍遠征時，死於黑死病。

> ←圖為法國國王
> 路易九世肖像。

騎士和歐洲的文明化

　　在歐洲的中世紀，騎士團成了一所培養優雅舉止的大學校，而禮貌儀態正好是保持社會機器正常運作的潤滑劑。騎士精神意味著謙虛有禮，向周圍世界展示著如何搭配衣著、如何優雅進餐、如何彬彬有禮地邀女士共舞，以及其他日常生活中細微繁雜的禮節。這些東西都有助於使生活變得更有趣、更宜人。在不斷進行征戰的同時，騎士也為歐洲的文明化盡了力。

特勒堡戰役中的路易九世

　　1241年7月，法國國王路易九世與英王亨利三世，為了在采邑繼承中取得優勢地位，而於特勒堡（Taillebourg）展開激戰，由路易九世取得勝利。法國畫家德拉克洛瓦（Eugene Delacroix）在這幅作品裡表現了驚心動魄的一幕。這是德拉克洛瓦一生中畫得最成功的一幅戰爭題材的油畫。

[　←圖為一名
　騎士和他的
　女伴。

- 1224年，法王路易八世禁止英國商人在法貿易，英國也採取報復手段，兩國戰事繼續，法王攻占英王在法國西南部的領土。
- 1228年，在神聖羅馬帝國皇帝腓特烈二世率領下進行第六次十字軍東征。
- 1229年，德國條頓騎士團參加征服普魯士的戰爭。羅馬教宗額我略九世（Gregory IX）設立「宗教裁判法庭」。
- 1233年，羅馬教宗額我略九世在法國設立「異端法庭」。
- 1237年，蒙古統帥拔都開始遠征歐洲。
- 1240年，立陶宛公爵明多格斯（Mindaugas）受洗為基督教徒。涅瓦河的戰役中，諾夫哥羅德公爵亞歷山大·雅羅斯拉維奇抗擊了瑞典的入侵。
- 1243年，依諾增爵四世當選為羅馬教宗，繼續反對德皇。
- 1245年，羅馬教宗依諾增爵四世在里昂召開宗教會議，革除德皇腓特烈四世教籍，廢黜其帝位。
- 1248年至1270年，法王路易九世，先後對埃及和突尼斯進行的兩次遠征，均告失敗。
- 1254年，德皇康拉德去世，霍亨斯陶芬王朝（Hohenstaufen）終結。神聖羅馬帝國開始大空位時期。
- 1258年，成吉思汗的孫子旭烈兀占領巴格達，消滅阿拔斯王朝。

匈牙利公主
伊莉莎白

伊莉莎白（Elizabeth of Bavaria）是13世紀的匈牙利公主，又稱為西西公主（Sissi），後與一位王子成親。關於伊莉莎白的傳說很多，她雖然出身高貴，但是不求地位和財富，還成立濟貧院，收容貧民和病人，為他們服務終身。

→圖為伊莉莎白逝世時人們追悼她的情景。

[↑ 圖為打敗了瑞典人的涅夫斯基。]

亞歷山大・涅夫斯基的勝利

諾夫哥羅德（Novgorod）公爵亞歷山大・雅羅斯拉維奇（Alexander Yaroslavich）1240年率領俄羅斯軍民在北部涅瓦河（Neva）邊打敗了一支入侵的瑞典軍隊，他被視為偉大的英雄。由於他在涅瓦河的勝利，人們稱他為「涅夫斯基」（Nevsky），意思是「涅瓦河的英雄」。兩年後，他又在楚德湖（Chud）畔徹底打敗了入侵的日耳曼人。此外，他還贏得了多次勝利。

準備作戰！

在中世紀，人們必須隨時隨地做好作戰準備。國王和貴族修建城堡來保護自己免於遭受敵人的攻擊，騎士和步兵為作戰而接受各種訓練，軍隊則在國外的戰場上衝鋒陷陣。

[→圖為正在進行訓練的中世紀騎士。]

* 1261年，拜占庭復國，巴列奧洛加斯王朝（Palaeologus）建立，拉丁帝國滅亡。
* 1263年，英國爆發內戰。羅馬教宗烏爾巴諾四世給予條頓騎士團經商的特權。
* 1271年，義大利人馬可‧波羅從歐洲來中國。
* 1276年，威爾斯（Wales）拒絕臣服於英國，英王愛德華一世對其討伐。
* 1284年，英國合併威爾斯。
* 1285年，德國條頓騎士團徹底征服普魯士。保加利亞王國分裂。
* 1295年，英王愛德華進攻蘇格蘭。
* 1296年，英王愛德華擊敗蘇格蘭王。

西吉斯孟德

　　西吉斯孟德（Sigismund）是神聖羅馬帝國皇帝，也是匈牙利國王、德意志國王、波希米亞國王和倫巴底國王。他曾經出征義大利，討伐威尼斯。是他邀請捷克宗教改革家胡斯（John Huss）出席會議，導致胡斯被處火刑。他率師東征土耳其人，結果以失敗告終。

←圖為德國畫家杜勒筆下的神聖羅馬帝國皇帝西吉斯孟德。

年輕的皇帝與衰老的帝國

1204年十字軍攻陷君士坦丁堡後，在拜占庭領土上建立拉丁帝國。1261年，邁克爾八世（Michael VIII）滅掉了拉丁帝國，恢復了拜占庭帝國。

復國後的拜占庭國力衰微，14世紀初鄂圖曼帝國興起，不斷侵犯拜占庭領土，最後使它僅居於君士坦丁堡一隅之地。最後在1453年，鄂圖曼攻陷了君士坦丁堡，這個千年帝國終究難逃滅亡命運。

↑圖為拜占庭帝國後期的一位年輕皇帝。

騎士之死

↓圖為一名騎士之死。

像人類所有的制度一樣，騎士制度也逃不脫滅亡的命運。十字軍東征帶動了商業的復興，城市一夜之間星羅棋布於歐洲的原野。後來，使用雇傭軍作戰，便不可能再像下棋那樣，以精密的步驟和富於美感的策畫來指揮一場戰役。騎士變成了純粹多餘的擺設，騎士精神成了不合時宜的奢侈品。當騎士們獻身理想的高尚情操失去其實用價值後，他們本人也淪為某種荒誕可笑的角色。唐吉訶德即是他們的代表。

* 1300年左右，印加帝國開始向中央安地斯（Andean）地方擴張。
* 1301年，鄂圖曼土耳其（Ottoman）開始向外擴張。
* 1310年，德王亨利七世遠征義大利，在米蘭加鐵冠，是為義大利王。德意志盧森堡王朝統治開始。
* 1313年，義大利著名詩人但丁的名著《神曲》完成。
* 1314年，在班諾克本（Bannockburn）戰役中，蘇格蘭軍擊敗英格蘭軍。

《神曲》

但丁的代表作
《神曲》，完成於人
生的最後階段。《神
曲》是一部里程碑式
的作品，講述他的靈
魂經過層層地獄的磨
練之後，終於得以會
見戀人的影子。但丁
的《神曲》，吹響
了文藝復興運動的
號角。這幅畫表現
的是但丁和羅馬詩
人維吉爾（Virgil，
左後方者），在地
獄中看到下地獄的
人們相互撕咬的一
幕。作者是19世紀
末學院派畫家布格羅
（Adolphe William
Bouguereau）。

但丁與貝德麗采

　　但丁是14世紀前後的學者、著名詩人。他是佛羅倫斯一位律師的兒子，精通經院派的神學理論，而且對許多古典作家非常熟悉，同時熟諳行吟詩人的詩作和他所處時代的義大利詩歌。1302年，在一場政治動亂之後他被逐出佛羅倫斯，不得不在流亡中度過餘生。貝德麗采（Beatrice）是但丁童年心目中的偶像，當但丁9歲第一次遇見她時，她的形象彷如幼小的天使。9年後但丁再次見到了她，愛情隨即占據了他的心靈，但貝德麗采並不理會他的感情。經過撕心裂肺般的悲傷之後，但丁懷著精神上的愛，專心寫詩歌頌她，視她為上帝派到人間來拯救他靈魂的天使。她死後，但丁悲痛欲絕。在《新生》這部作品中，就完全地表達出但丁的這份情感。

↓這幅畫即表現但丁在9年後再見貝德麗采（走在中間者）的情景。

* 1326年，波蘭對條頓騎士團的第一次戰爭開始。鄂圖曼土耳其蘇丹奧斯曼（Osman）去世，其子烏爾汗（Orhan）即位。他奪取拜占庭布魯薩城（Bursa），並以此為首都，建立鄂圖曼土耳其帝國。
* 1327年，德王路易四世遠征義大利，加冕為義大利王與皇帝。
* 1337年，英王愛德華三世以腓力四世外孫的身分要求繼承法國王位，並以此為藉口，向法國發動戰爭。斷斷續續持續了一百多年，史稱「百年戰爭」。

愛德華三世渡過索姆河

　　英法於1337年爆發百年戰爭，直到1453年才結束。1346年7月，英王愛德華三世率軍北渡塞納河和索姆河，在克雷西（Crecy）與法國的重裝甲騎兵會戰，並獲得勝利，取得英國在百年戰爭中第一階段的勝利。

↓圖為愛德華三世率軍渡過索姆河迎戰法軍。

日本戰國時代

　　在古代很長的一段時期，日本雖然名義上是天皇統治，但是實際上的政權卻操縱在非常有實力的幕府手中。1467年，日本發生應仁之亂，當時的實際執政者足利幕府的統治土崩瓦解。日本進入了群雄割據的戰國時代，混亂的局面持續了一個半世紀，日本的老百姓陷入無窮的痛苦之中。

喬叟在愛德華三世的宮廷裡

　　喬叟是英國莎士比亞時代以前最傑出的作家和最偉大的詩人之一。作品獨具一格，不同凡響。喬叟的詩才在當時普遍受到推崇。他的作品，特別是《坎特伯里故事集》，讀者廣泛，對後世影響甚大。

→圖為喬叟在英王愛德華三世的宮廷裡朗讀自己的詩作。在畫的右邊坐在王位上的老者便是英王愛德華三世。

* 1338年，德國召開帝國會議，完全擺脫教宗的控制。
* 1340年，英國國王愛德華三世率軍進攻法國海軍基地斯路伊（Sluys），英國擊敗法國艦隊。
* 1341年，英國國會分為上、下兩院。西蒙‧伊凡諾維奇（Simeon Ivanovich）即位為莫斯科大公。
* 1343年，波蘭與條頓騎士團締結「永久和平」條約。
* 1346年，英王愛德華三世再次出兵侵入法國諾曼第，直驅巴黎城郊並占領克雷西，英軍大敗法軍。
* 1347年，愛德華三世奪取了法國的軍事要塞加來。

拭血的摩爾人

　　格拉納達王朝（Granada）位於今天的西班牙境內，是由摩爾人建立的伊斯蘭國家，格拉納達的歷史可說是一則危機四伏的冒險故事，擁有土地的貴族勢力強大，王國政府不得不謀求妥協。此外，與鄰國的戰爭使它不得不尋求摩洛哥的政治支持與軍事援助。摩洛哥軍隊的介入，使這個國家在阿拉伯化的過程中，發展成為一種以軍隊為後台的絕對獨裁形式。

　　這樣一幅血腥的畫面中，在摩爾人高大的宮牆前面，劊子手正用衣袖擦拭劍上的血跡，從死者沒有頭顱的脖頸裡噴湧出的鮮血正順著臺階流下。這樣一個血腥的場面裡，折射出的是這個國家政治的動盪與不安。

歐洲的大瘟疫

　　1347年，一艘從亞洲返回義大利的船隻帶來了一種可怕的瘟疫，病患全身腫脹發黑而死，人們稱這種瘟疫為黑死病。在隨後的6年裡，黑死病在整個歐洲蔓延，大約有三分之一的歐洲人死於這種可怕的瘟疫。這幅畫裡真實地再現了當年那恐怖的一幕，教堂的大門已被釘死，教士自身難逃厄運，一位黑死病患者被遺棄在釘死的教堂門前，人們慌忙離開這被高牆封鎖起來、令人恐懼萬分的地方。

- ＊1356年9月，英、法兩國又在普瓦捷激戰，法軍大敗。
- ＊1357年，法國召開三級會議，太子查理被迫頒布《三月大赦令》。
- ＊1360年，英法簽定《布勒丁尼條約》（Treaty of Bretigny）。
- ＊1367年，德意志漢薩同盟（Hanseatic League）形成，與丹麥進行戰爭。
- ＊1369年，帖木兒驅逐撒馬爾罕君主，自立為帝，建立帖木兒帝國。
- ＊1375年，英國議會通過法案，在所有學校中改教拉丁文為英格蘭語文。義大利早期文藝復興的著名詩人彼特拉克（Petrarch）去世，他宣導「人的學問」來對抗「神的學問」。
- ＊1379年，帖木兒軍隊劫掠了波斯邊境。
- ＊1381年，英國瓦特・泰勒（Wat Tyler）農民起義，後被鎮壓。東羅馬與土耳其簽定條約，承認為土耳其蘇丹的臣屬。

薄伽丘與《十日談》

　　《十日談》是由100個詼諧故事彙編而成的小說集，由薄伽丘於1348到1353年間，在佛羅倫斯編集而成。這本書揭露了中世紀教會和神父的虛偽，諷刺人性中愚蠢的一面，而且描寫出14世紀義大利生活的動人細節，是後世義大利散文文學的源泉。

↑圖為《十日談》中的一個情節，一些年輕人為了躲避可怕的瘟疫，來到鄉間，年輕人用講故事來打發難熬的時光，《十日談》的故事便由此展開。

畫家利比與修女

　　利比（Fra Filippo Lippi）是15世紀前期義大利佛羅倫斯畫派的重要畫家，擅長畫聖母子。這幅作品表現的是畫家與一位修女相愛的故事。

帕夏的小妾

　　帕夏（pasha）是土耳其高官貴族的稱謂，這幅畫表現一位即將成為帕夏小妾的女人，她是剛被掠奪來的戰利品。

馬基維利與《君王論》

　　馬基維利（Niccolo Machiavelli）生活在義大利文藝復興的高峰時期，曾長期擔任佛羅倫斯的軍政要職。1513年，他寫成了代表作《君王論》，具體地闡述一個君王應該具有哪些品質的才能，以及治理和鞏固國家的策略。他為了討好當權者而獻上此書，希望謀得一官半職，結果願望落空。他反映新興資產階級建立民族國家願望的政治主張，後來被法西斯主義利用。

- ＊ 1386年，波蘭－立陶宛蓋洛王朝（Jagiellon Dynasty）開始。
- ＊ 1389年，科索沃（Kosovo）戰役，土耳其大敗瓦拉幾亞、塞爾維亞與保加利亞聯軍。
- ＊ 1392年，高麗大將李成桂自立，朝鮮李朝開始。
- ＊ 1396年，英法簽訂20年休戰條約。匈牙利國王西吉斯孟德率聯軍抗擊土耳其軍隊，在尼科堡（Nicopolis）敗於土軍。
- ＊ 1402年，安卡拉戰役，土耳其蘇丹巴耶塞德一世（Bayezid I）被帖木兒打敗，本人被俘。
- ＊ 1410年，波蘭、立陶宛兩國合併聯軍與條頓騎士團展開坦嫩貝格（Tannenberg）會戰。

庫利科沃戰役

　　俄羅斯人擊敗金帳汗國（Golden Horde）軍隊的一次戰鬥。1380年金帳汗國一支軍隊進犯俄羅斯土地，俄羅斯人在弗拉基米爾（Vladimir）公爵季米特里・伊凡諾維奇（Dmitry Ivanovich）的領導下進行抵抗，9月8日在頓河上游的庫利科沃（Kulikovo）曠野迎戰敵軍。戰鬥異常激烈，雙方傷亡慘重，最後由俄羅斯人取得勝利。為紀念頓河的勝利，季米特里獲得「頓斯科伊」（Donskoy）的稱號，意思是「頓河的英雄」。

英法普瓦捷戰役

英法百年戰爭中的1356年9月，英、法在普瓦捷激戰。英軍由愛德華三世之子「黑王子」率領，擊潰由法王約翰二世率領的法軍。幾千名法國士兵，其中包括1500名騎士和貴族橫屍戰場，法王和許多貴族大臣也被俘虜。但是到了1453年，法國取得了百年戰爭的最終勝利。戰後，法國和英國各自加強了封建君主專制政體。

↓圖為法國浪漫派畫家德拉克洛瓦所畫的普瓦捷之戰。

波蘭國王西格蒙德一世

西格蒙德一世（Sigismund I）是16世紀前期的波蘭國王。他曾派軍隊征服了統治東普魯士的準軍事性宗教團體條頓騎士團，條頓騎士團表示對他效忠並自行解散，普魯士公國則承認波蘭為宗主國。1535年，他率軍又擊退莫斯科大公國的進犯，從此保衛了波蘭東部邊界。他喜愛美術，尤其深愛建築和雕刻。

↑圖為俄國人向這位波蘭國王臣服的情景。

條頓騎士團

原為日耳曼的十字軍組織，後來控制了普魯士，發展農業、商業，將大片土地贈給臣服於己的日耳曼和波蘭貴族。14世紀初，它已演變成為強大的封建國家，控制普魯士以及波羅的海地區東部。它的日益擴張，遭到波蘭和立陶宛的反對。1410年7月，在坦嫩貝格會戰中，波蘭和立陶宛聯軍重創了條頓騎士團，它們幾乎被殲滅殆盡，首領全部戰死。

↑下圖的局部。

↓圖為條頓騎士團遭到重創的坦嫩貝格會戰。

雕塑家布魯涅內斯基之死

　　布魯涅內斯基（Fillippo Brunelleschi），義大利文藝復興初期的建築師。他於1401年參加佛羅倫斯洗禮堂銅門浮雕競賽，所作樣式達到了他的雕塑技藝頂峰。布魯涅內斯基的建築風格在佛羅倫斯的建築中呈現出一種新面貌，他最大的成就表現在佛羅倫斯大教堂的穹隆頂上。他還設計了佛羅倫斯的聖馬利亞教堂，標誌著他的作品開始進入成熟階段。這幅作品描繪了藝術家逝世時的情景。

回歸歐洲而未果的拜占庭皇帝約翰八世

　　他的統治僅限於君士坦丁堡周圍地區。1442年，當君士坦丁堡遭到土耳其蘇丹穆拉德（Murad II）圍攻時，他向西方求援，在費拉拉－佛羅倫斯（Ferrara-Florence）會議中促成拜占庭與拉丁教會的聯合。但是西方遏阻土耳其人的努力失敗，因此拜占庭人拒絕讓他們的教會從屬於羅馬教宗。心灰意冷的約翰，最後鬱鬱而終。

帖木兒之門

　　帖木兒出身於一個已經土耳其化的蒙古貴族家庭，信奉伊斯蘭教，講突厥語。帖木兒性情殘暴粗野，是一位比成吉思汗有過之而無不及的謀略家。14世紀後期，他的帝國曾像一股旋風，橫掃廣闊的中亞草原。他是一個文盲，但卻智力超群，對哲學和象棋十分感興趣。除此之外，他還是收藏家。

→圖為衛兵保衛帖木兒的房子。

帖木兒的頭骨堆

　　1387年，帖木兒完全控制了波斯。帖木兒非常殘酷，如果對手不立即投降，擊敗以後便會馬上施以血洗，即使是輕微的抵抗也會引起他的怒火。一次攻克某座城市後，他共屠殺了3萬人。他甚至還將受害者的頭骨堆成小山以自娛。

胡斯改革

　　1412年，教宗派人到捷克兜售贖罪券，胡斯對此公開抨擊，主張改革教會，否認教宗有最高權力。此外，他還大膽揭露了城市中德國貴族的罪惡。胡斯的言行，讓德國教士及羅馬教廷怒火中燒。胡斯後來被教會以異端罪名燒死。胡斯之死激起捷克人民極大的憤怒。到了1419年7月，大規模的農民戰爭就在胡斯改革的旗幟下爆發了。

←圖為一身戎裝的貞德。

聖女貞德

　　貞德小時候是個法國北部的牧羊女。後來在百年戰爭中成長為民族英雄，她率領法軍收復了許多北方領土。但是，法國宮廷貴族和查理七世的將軍們卻不滿意這位「平凡的農民丫頭」的影響力越來越大，因而蓄意謀害貞德。1431年5月29日上午，貞德備受酷刑之後，在盧昂（Rouen）城下被活活燒死。

法國國王查理七世

他在位初期，法國在百年戰爭中遭受失敗。後來，他因為堅決與英國人作戰，與貞德一起成為抗敵的象徵和解放的希望。1453年，法國解放了幾乎全部的國土。但是他在晚年遇到重重困難，已經收復的地區動盪不安，各地諸侯對國王構成嚴重的威脅。

→圖為法國國王查理七世。

奧爾良姑娘

她全身甲冑，腰懸寶劍，捧著一面大旗，上面繡著「耶穌，瑪利亞」字樣，跨上戰馬，率領4000人，向奧爾良（Orleans）進發。解放奧爾良之後，貞德又率軍收復了北方許多領土。貞德已變成了「天使」，人們到處都在歌頌她，稱她是「聖人」。國王賜給她大量財帛和「貴族」稱號，她都拒絕接受，決心繼續完成解放法國的事業。

↓圖為貞德入城時的情形。

印刷機的誕生

　　15世紀50年代，德國人古騰堡（Johannes Gutenberg）發明了一次能夠印刷一整頁書的印刷機。在那之前，歐洲所有書籍都是用手傳抄的。不久後，歐洲到處都出現印刷機，書籍的出版更迅速，成本更低。這對傳播文藝復興時期思想家和科學家的新觀點，具有很大的促進作用。稍後，當這種機器開始普及，也為當時的宗教改革掀起了巨大的推波助瀾效果。許多宗教改革領袖，借助它把自己的文章印刷成書，到處宣揚自己的思想，衝擊了天主教的傳統勢力。

克里斯欽二世

　　克里斯欽二世（Christian II）是16世紀初的丹麥、挪威和瑞典的國王。1520年，克里斯欽下令處死80多名瑞典國民黨領導人。這次的大屠殺激起了反丹麥的瑞典解放戰爭，1523年瑞典獨立。

鄂圖曼帝國裡的馬木路克階層

　　鄂圖曼帝國征服了敘利亞和埃及後,馬木路克(Mameluke)雖不能再成為埃及的蘇丹,但仍構成軍隊的核心,並被任命為政府官員。他們是埃及政治結構的一個階層,對埃及社會仍有相當大的影響。

[←圖為一名
北非衛士。]

匈牙利英雄匈雅提

　　當君士坦丁堡感受到來自鄂圖曼土耳其日益嚴重的威脅時,拜占庭帝國皇帝開始向他的歐洲同胞請求幫助,教宗再次組織十字軍拯救處於危境的君士坦丁堡,匈牙利英雄匈雅提(Hunyadi Janos)率這支歐洲十字軍在戰場上多次戰勝鄂圖曼軍隊,延緩了鄂圖曼帝國對歐洲的侵擾。

[→圖為匈雅
提與部將。]

與土耳其作戰的東歐人

15到16世紀，鄂圖曼土耳其為掠奪土地和財富，頻頻對外發動侵略戰爭，在亞歐大陸中部和北非遼闊的土地上建立起龐大的帝國。1526年5月，鄂圖曼土耳其帝國在歐洲已經取得了克里木、義大利南部、中歐及巴爾幹大部地區，整個歐洲都在鄂圖曼土耳其帝國面前顫抖。但是這些國家並不屈服，利用一切機會與土耳其軍隊展開戰鬥。

[↓圖為匈牙利人對土耳其人的戰爭。]

德國畫家杜勒

杜勒是16世紀文藝復興時期的德意志畫家，他的作品形象生動地體現出基督教人文主義的理想。他不沉溺於純粹古典主義和奢華風格，創作靈感主要來自伊拉斯謨（Desiderius Erasmus）傳統的基督教理想。

[←圖為杜勒的自畫像。]

攻陷君士坦丁堡

　　1450年拜占庭帝國衰退，統治地域被限制於君士坦丁堡的狹小區域內，1453年，鄂圖曼土耳其蘇丹穆罕默德二世從海陸兩面進攻君士坦丁堡，拜占庭皇帝親自率軍迎擊，雙方展開激烈決鬥，結果拜占庭皇帝陣亡，君士坦丁堡陷落，延續了千年的拜占庭帝國滅亡。

→在這幅畫裡，穆罕默德二世和他的土耳其軍隊正開進君士坦丁堡，在他們腳下躺著的是戰死的拜占庭軍民和神職人員。

滅掉拜占庭帝國的穆罕默德二世

　　穆罕默德二世是鄂圖曼土耳其蘇丹，以「征服者」著稱。1453年率軍攻占君士坦丁堡，滅拜占庭帝國，並遷都於此，改稱伊斯坦堡（Istanbul），後向巴爾幹半島擴張。在威尼斯－土耳其戰爭中，奪取愛琴海大部分島嶼，並一度攻抵威尼斯近郊。向東先後征服小亞細亞各國，把東部疆界擴至幼發拉底河，創建龐大的鄂圖曼帝國。他重視文化教育，曾頒布帝國最早的法典。1481年準備出征時被自己的長子毒死。

被囚在倫敦塔中的小愛德華兄弟

這是薔薇戰爭中的一幕，1483年，英國國王愛德華四世去世，他的長子小愛德華才12歲。在愛德華五世加冕前夕，他的叔叔理查·格洛斯特（Richard Gloucester）篡奪了王位，成為理查三世。他將愛德華和他的弟弟關進倫敦塔，此後人們再也沒見過這兩位小王子，或許他們早就被理查三世下令處死了。這幅畫表現的就是被關進倫敦塔的兩個小王子。

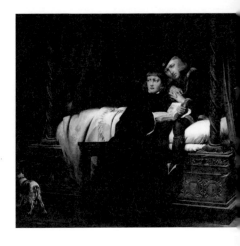

與韃靼作戰的俄羅斯人

韃靼人是進入中亞和東歐平原的蒙古人。14世紀後，由於他們自相殘殺，所建立起來的汗國隨即四分五裂。圖為與韃靼人作戰的莫斯科人。

勒班多海戰

基督教國家聯軍對鄂圖曼土耳其帝國的一次海戰，發生於1571年9月，地點是亞德里亞海的希臘勒班多（Lepanto）海域。經過4小時的戰鬥，聯軍獲勝，俘虜兵員數千名和土耳其艦艇百餘艘。

→這幅畫表現的就是南這幅帶有濃郁宗教色彩的戰爭畫卷中，表現了上帝拯救基督教徒，戰勝異教徒土耳其人的主題。

勃艮第併入法蘭西

在1477年1月5日的南錫（Nancy）戰役中，「大膽查理」（Charles the Bold）的勃艮第軍隊被瑞士人徹底擊敗，他本人也在戰役中被殺。查理是一位偉大的軍事革新者，不幸的是，在15世紀，瑞士聯合王國的軍隊是歐洲最令人恐懼的軍隊之一。他們訓練有素，紀律嚴明，並且嗜血成性。「大膽查理」在南錫的慘敗和死亡，使勃艮第作為獨立國家的美夢破碎了。法國國王路易十一接管了這位已故公爵大部分的土地，並將其併入法蘭西的版圖。

←這幅畫表現的就是南錫戰役中的一個情景，畫面左邊「大膽查理」被摔下馬來，即將被刺死。

* 1487年，狄亞士到達好望角。
* 1489年，英王亨利七世頒布限制圈地法令。
  1490年，奧地利合併於德意志帝國版圖之中
* 1492年，西班牙王斐迪南（Ferdinand II）征服格拉納達，完成國家的統一。是年8月3日，哥倫布率小船隊離開帕洛斯港（Palos），向西航行。10月12日，哥倫布到達美洲聖薩爾瓦多島（San Salvador）。
* 1492年，基督教徒收回了阿拉伯人在西班牙的最後據點格拉納達。
* 1497年，葡萄牙人達·伽馬（Vasco da Gama）遠航印度。 摩爾達維亞大公國（Moldavia）擊敗波蘭軍隊，雙方締結條約。 俄國伊凡三世（Ivan III）頒布法典。

佛羅倫斯和麥第奇家族

16世紀後，一個權傾一時的家族成為佛羅倫斯的主宰，這就是麥第奇家族（Medicis）。他們的銀行和當鋪遍布所有重要的商貿中心城市，直至今天，人們還能在美國當鋪的招牌上看到他們的族徽——三個金球。在當時，這個家族還和王室聯姻，將女兒瑪麗·麥第奇嫁給法國國王亨利四世。

→圖為佛羅倫斯的統治者麥第奇。

[↑圖為進入佛
羅倫斯的查理
八世。]

查理八世遠征義大利

查理八世是15世紀的法國國王。當時法國在歐洲舉足輕重，但他並沒有治國之才，為了遠征義大利而到處舉債，招兵買馬。1494年長驅直入義大利，沒有遇到抵抗。後來加冕為國王，但米蘭、奧地利、威尼斯與教宗聯合起來反對他。在福爾諾沃（Fornovo）戰敗後逃回法國時，他所掠奪的一切都喪失殆盡。

* 1498年，法國查理八世去世，奧爾良公爵繼位為王，稱路易十二世。西班牙哥倫布第三次遠航，抵達南美海岸。葡萄牙達·伽馬繞非洲，抵達印度卡利庫特（Calicut），成為西歐發現通往印度航路的第一人。
* 1499年，瑞士軍隊擊敗德國諸侯軍隊，自此脫離神聖羅馬帝國，獲得獨立。
* 1500年，葡萄牙人卡布拉爾（Pedro Alvares Cabral）遠航發現巴西，同年抵達印度。 俄國與立陶宛進行戰爭，獲勝，取得北烏克蘭。

統一的西班牙出現

　　1492年1月，西班牙攻克格拉納達，西班牙土地上最後一塊穆斯林占有的領地終於收復，歷時10年的戰爭終告結束。這10年裡，交戰兩方簽訂過一些臨時和約，也分別利用停火期尋找盟友。這場戰爭造就了一個統一的、「以自然邊境為界限」的現代國家——西班牙。

→德國畫家霍爾班（Hans the Younger Holbein）筆下的16世紀法國大使。

哥倫布發現新大陸

↑ 探險途中
的航海者。

　　1492年，哥倫布的船隊抵達中美洲附近的西印度群島。他以為自己到了印度，但後來才發覺他們到了一個更令人興奮的地方，於是稱那裡是「新大陸」。新大陸的發展，具有劃時代的重要意義。西班牙國王和王后隆重地迎接海軍元帥哥倫布凱旋歸來。在哥倫布身後站著的是6名印第安人。這幅畫的作者是法國浪漫主義畫家德拉克洛瓦。

—＊ 1501年，西班牙人亞美利哥（Amerigo Vespucci）再赴南美，後將其發現的大陸命名為「亞美
利哥」。波蘭國王亞歷山大即位。

—＊ 1502年，哥倫布第四次遠航美洲，到達宏都拉斯海岸。達·伽馬第二次遠航印度，途經非洲東
海岸，占領基爾瓦（Kilwa）為葡萄牙屬地。金帳汗國被克里米亞汗（Crimea）所滅。

—＊ 1505年，俄羅斯大公瓦西里三世（Vasily III）即位。

—＊ 1507年，葡萄牙征服東非，在莫三比克設總督。

—＊ 1508年，西班牙將非洲黑人運往美洲西印度群島，作為奴隸，自此美洲開始有黑奴。馬德里大
學建立。葡萄牙人到達亞洲的麻六甲。

亨利八世

　　英國國王，他
為人性情乖戾，狡詐
多疑，1527年因離
婚導致與羅馬教廷決
裂。亨利八世組織了
一個比較完善的政
府，建立強大的海
軍，實行宗教改革和
社會改革。他在處理
國內事務時手到擒
來，但在國際上卻屢
屢失敗。在1545年
的對法戰爭中，耗費
20萬英鎊，導致國庫
虧空。

> →圖為亨利
> 八世。

匈牙利國王拜特倫和他的學者們

拜特倫（Gabriel Bethlen）是個很有才能的軍事家，在三十年戰爭期間，他利用神聖羅馬帝國皇帝斐迪南身陷波西米亞無法自拔之際，奪取了匈牙利北部地方，並在1620年被選為匈牙利國王，後來在與斐迪南的作戰中失利後被迫放棄王位。在此後的5年裡，雙方打打和和，由於力量對比懸殊，1626年被迫與斐迪南簽定《普雷斯堡條約》（Treaty of Pressburg）。

↓圖為拜特倫與學者探討問題。

哥薩克擊敗韃靼人

西元16世紀後期起，俄羅斯向東方擴張。在對韃靼人的戰爭中，他們往往雇傭哥薩克人（Cossack）作戰。哥薩克是斯拉夫民族中逃亡到頓河流域的「自由人」，他們生性爽朗，豪放不羈，英勇善戰，連連挫敗對手。後來在沙皇俄國對土耳其的戰爭中，哥薩克騎兵也發揮了重要的作用。

←圖為俄國現實主義畫家列賓（Elias Repin）的名作《查波羅什人給土耳其蘇丹的回信》。查波羅什人（Zaporozhian）是哥薩克的一個部族。

—※ 1509年，英王亨利七世去世，次子即位，稱亨利八世。西班牙開始在巴拿馬地峽建立殖民地。
葡萄牙擊敗阿拉伯艦隊。

—※ 1510年，葡萄牙占領印度果阿（Goa）。伊朗國王伊斯邁爾一世（Ismail I）在木鹿城（Merv）
擊敗烏茲別克汗昔班尼（Shaybani）。昔班尼汗去世。伊爾巴爾斯開始統治花剌子模，建立花
剌子模汗國。

—※ 1511年，葡萄牙侵占麻六甲。西班牙開始征服古巴。

—※ 1512年，西班牙吞併納瓦拉王國（Navarre），統一了除葡萄牙以外的伊比利亞半島。土耳其蘇
丹沙里姆一世（Selim I）即位。

—※ 1513年，西班牙人巴爾布亞（Vasco Nunez de Balboa）過美洲發現太平洋。

少年畫家提香 的第一幅作品

提香（Titian）是16世紀的義大利偉大畫家，他筆下女性的柔美和男子的雄健、以及對繪畫中色彩的創新和發展，都成為難以超越的典範。這幅畫表現年輕的畫家畫出第一幅作品的情景。

↑圖為馬丁‧路德和他的修女妻子。

宗教改革家馬丁‧路德

　　馬丁‧路德是16世紀的宗教改革家，他創立了新的教派，對教宗制度下的天主教教義進行了新的詮釋和改革，使人們的信仰回到了基督宗教最早提倡的精神上。他特別強調了人的自由，還身體力行，娶了一位修女為妻。馬丁‧路德的宗教改革，順應了當時衝破神權束縛，爭取個人權利的時代精神，但是也使社會產生了一些混亂。

法國的宗教改革

　　1534年新教信徒在巴黎街頭到處張貼反對彌撒的標語，引起殘酷鎮壓。亨利二世繼位後，對新教加強鎮壓。之後在法蘭西境內，由教派之爭引發的武裝衝突再次尖銳化，相繼發生屠殺新教胡格諾派（Huguenot）事件。1574年，查理九世死，其弟亨利三世繼位，與胡格諾派領袖納瓦拉的亨利結盟，結果為天主教徒所暗殺。納瓦拉的亨利繼位，是為亨利四世。他為了穩定國內局勢，1598年頒布南特敕令（Edict of Nantes），允許胡格諾派自由參加社會生活，在限定地區內進行宗教活動。

- ⟶ 1516年，英國湯瑪斯‧莫爾（Sir Thomas More）所著《烏托邦》一書問世。西班牙哈布斯堡王朝開始。
- ⟶ 1517年，馬丁‧路德發表《九十五條論綱》，德國宗教改革開始。土耳其侵入埃及，滅埃及馬木路克王朝。
- ⟶ 1519年，麥哲倫環球航行出發。西班牙殖民者征服墨西哥。義大利著名藝術家達文西去世。
- ⟶ 1520年，麥哲倫發現南美洲南端的海峽，後稱之為「麥哲倫海峽」。土耳其蘇丹蘇里曼一世（Suleiman I）即位，鄂圖曼土耳其帝國進入全盛時期。
- ⟶ 1522年，麥哲倫船隊倖存船員返回西班牙，歷史上第一次環球航行完成。

宗教改革的鼓吹者伊拉斯謨

　　他是16世紀的荷蘭人文主義學者，古典文學和愛國文學研究家，《新約全書》希臘文本編訂者，也是文藝復興運動中的重要人物。他利用當時新發明的印刷機，大量印刷自己的著作，廣泛傳播思想，對當時的宗教改革運動影響甚大，但後來他逐漸與新教疏遠。所著《愚人頌》被認為是文藝復興運動中的名著。

達文西之死

　　達文西是義大利文藝復興時期著名畫家，他的名畫《最後的晚餐》最為膾炙人口。為世人所熟知的《蒙娜麗莎》，其主人公的微笑被譽為「永恆的微笑」。這幅畫一直被達文西珍藏，後來帶到了法國。法國國王法蘭西斯一世（Francis I）很喜歡這幅畫，不惜花費2萬英鎊鉅資買下。

←圖為法國國王法蘭西斯一世探望即將病逝的達文西。

拉斐爾和良十世

　　拉斐爾是文藝復興時期將義大利藝術發展到最高水準的傑出人物之一，在他的藝術中體現出深邃的人文主義思想，並賦予這種思想無與倫比的表現力。在主持聖彼得教堂的建造工作期間，拉斐爾為西斯汀教堂作的《西斯汀聖母》，令人歎為觀止。教宗良十世是一位慷慨的藝術資助者，他對於拉斐爾和米開朗基羅的慷慨資助，使大師的作品在梵蒂岡的教堂中得以留存。

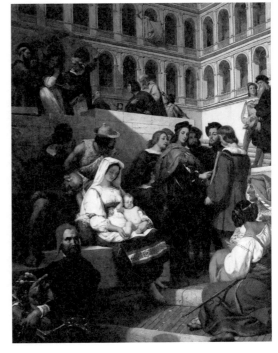

—＊ 1523年，瑞典擺脫丹麥統治而獨立，古斯塔夫・瓦薩（Gustav Vasa）當選為國王。

—＊ 1524年，德國法蘭克尼亞（Franconia）與士瓦本（Swabia）地區爆發農民戰爭，閔采爾（Thomas Muentzer）在圖林根（Thuringia）等地進行宣傳活動。

—＊ 1525年，西班牙占領哥倫比亞。德國農民戰爭領袖閔采爾在繆爾豪森（Muehlhausen）戰敗被俘，壯烈就義。

英國的宗教迫害

[↓圖為一名英國姑娘看望躲避宗教迫害的情人。]

16世紀後期，新教與傳統的天主教發生了越來越嚴重的矛盾，後來，宗教之爭愈演愈烈。大部分因其宗教信仰而被燒死、吊死、砍頭的男人和婦女們，都是些誠實善良的普通人，卻不幸淪為精力過剩且極端嚴厲的教會犧牲品。 在英國，女王瑪麗一世也開始迫害新教徒。瑪麗對新教徒的迫害有其個人目的，她父親亨利八世曾經不顧羅馬教廷的反對和法國妻子凱薩琳離婚。由於沒有得到教會的承認，凱薩琳的女兒瑪麗就只能算是私生子，因此她試圖透過對羅馬教廷的效忠，來換取教會對這一樁離婚的承認，使她的身分合法化。

馬克西米連一世

馬克西米連一世（Maximilian I）是16世紀的德意志國王和神聖羅馬帝國皇帝。他將土耳其人趕出東南邊界，解除與法國的盟友關係，而與教宗、西班牙、英格蘭等結成新的神聖聯盟，並在馬刺戰役（Spurs）中戰勝法軍。他拉攏俄國，計畫向波蘭、波希米亞和匈牙利推行擴展勢力。他在當時是歐洲舉足輕重的有力人物。

[←圖為馬克西米連一世。]

[→圖為科西莫一世。]

科西莫一世

科西莫（Cosimo I Medici）是麥第奇家族的成員。他取得了托斯卡尼（Tuscany）的統治權後，以節儉和效率治理國家。科西莫還是考古領域的先驅，他建立了佛羅倫斯學院。

—＊ 1526年5月，鄂圖曼土耳其帝國與匈牙利在莫哈其（Mohacs）激戰，匈牙利軍隊全軍覆沒。

—＊ 1527年，神聖羅馬帝國軍隊入侵羅馬。

—＊ 1528年，土耳其進軍匈牙利，攻陷布達佩斯。

查理五世

　　16世紀神聖羅馬帝國皇帝。1520年，他加冕為德意志國王，同時獲得神聖羅馬帝國皇帝的稱號。他的暴政曾使西班牙人怨聲載道，還統率西班牙軍隊展開對法國的戰爭。1527年年初，查理率領西班牙部隊和德國雇傭軍征討教宗，攻入羅馬城，大肆劫掠，教宗降服。1536年，他在羅馬，對教宗保祿三世和羅馬教廷樞機主教團發表著名的政治演說，提出要與法國國王進行決鬥。法國國王表示拒絕，他遂率兵進攻法國的普羅旺斯。到了晚年，他爭奪西歐霸權的企圖徹底破滅後，隱居於修道院中，不久死去。

法蘭西斯一世

　　法蘭西斯一世登基法國國王時，年僅20歲。他組成一個生氣勃勃的宮廷，群賢畢至；經常到全國各地遊歷，不分冬夏，總是騎馬。他熟悉人民、道路、河流、資源，以及老百姓的各種需要。他曾經在一次戰役中負傷後被俘，神聖羅馬帝國皇帝查理五世要求法國必須割讓三分之一的土地，才能使法蘭西斯一世得到自由。但是，法蘭西斯一世回答說：「我寧願永世當囚徒，絕不接受有損我國的條款！」1536年法蘭西斯一世對查理五世重新開戰，並與土耳其人結成反對查理的同盟。

西班牙殖民者屠殺印第安人

　　居住於南美安地斯山區的印加人，在十五世紀建立起強大的印加帝國。1532年，一支西班牙軍隊侵略了印加帝國。在法蘭西斯科・皮薩羅（Francisco Pizarro）的指揮下，數百殖民者對數萬名印加人慘無人道地血腥屠殺，還俘虜了印加國王，最後還殺死了他。這對印加人來說是致命的打擊，在隨後的幾年裡，帝國徹底瓦解。

↑此畫表現了這場屠殺驚心動魄的一幕，印加皇帝被一名西班牙人扯下由貴族抬著的寶座，其他的西班牙人正在屠殺印加人。

* 1529年，鄂圖曼土耳其進攻奧地利哈布斯堡王朝管轄的匈牙利中部，占領首都布達（Buda）。
* 1532年，奧地利軍隊在查理五世統率下，在匈牙利中部地區與土耳其軍展開激戰。
* 1533年，皮薩羅攻陷首都庫斯科（Cuzco），印加帝國滅亡。
* 1535年，義大利著名雕刻家、畫家米開朗基羅為羅馬西斯汀教堂創作壁畫《最後的審判》。俄國實行幣制改革。
* 1536年，英國林肯郡與約克郡舉行反對宗教改革的農民起義。瑞士喀爾文（John Calvin）實行宗教改革。
* 1540年至1547年，鄂圖曼土耳其為反對哈布斯堡王朝，與法王法蘭西斯一世聯盟，對匈牙利發起進攻。

米開朗基羅

　　他是文藝復興時期義大利最全面的藝術家，在繪畫、雕刻和建築方面都卓有建樹。他最著名的雕刻作品是大理石雕《大衛》；繪畫方面則有《最後的審判》和《創世紀》等傑作傳世；在建築方面，聖彼得教堂的圓頂就是他設計的。由於他對自己的雕刻藝術最不滿意，所以留下了許多未完成的作品。此外，米開朗基羅還是一位出色的詩人。

一家父女三國王

　　這幅畫上包括了英王亨利八世和他的兩個女兒，瑪麗和伊莉莎白。後來，這兩個女兒都先後成為英國國王。因此，光這一幅畫上就有三位國王。

波蘭天文學家哥白尼

　　哥白尼是偉大的波蘭天文學家，他創立了日心學說，著有不朽名著《天體運行論》。哥白尼的日心學說不但以簡單完美的形式吸引了天文學家的注意，更由於他衝破了中世紀的神學教條，徹底改變了人類的宇宙觀念。

* 1541年，英王亨利八世奪取愛爾蘭國王稱號。西班牙占領智利。
* 1543年，波蘭天文學家哥白尼去世，其著作《天體運行論》出版。
* 1550年，英國與法國、蘇格蘭訂立和平條約。俄國沙皇伊凡四世頒布新法典。
* 1551年至1562年，奧土雙方為爭奪特蘭西瓦尼亞（Transilvania）展開戰鬥，土耳其軍獲勝。
* 1556年，印度的莫臥兒（Mogul）帝國與阿富汗進行了帕尼派特（Panipat）戰役。
* 1558年，加來港被法軍收復，至此，英國喪失在法國的最後一塊領土。德王斐迪南自行加冕稱帝。俄國為爭取波羅的海出海口，發動立窩尼亞戰爭。

［←圖為馬上就要受刑的格雷女王。］

格雷女王遭到梟首

　　格雷女王（Jane Grey）是英國歷史上的「九日女王」，亨利七世的曾孫女。愛德華六世臨死之前，曾指定她為王位繼承人，但她做了8天的女王後，因為亨利八世的長女瑪麗‧都鐸受到民眾的支持，被宣告為女王。之後她被關入倫敦塔，並於1554年2月19日遭到斬首。

匈牙利勇士發現國王路易二世的遺體

　　路易二世是匈牙利和波希米亞國王，與奧地利瑪麗亞公主結婚。婚後，兩人都貪戀紙醉金迷的生活。1526年夏天，當土耳其人進攻匈牙利時，他率兵前去迎擊，但在多瑙河畔潰敗。據說他在落荒而逃時溺水而死。其後匈牙利便被土耳其和奧地利瓜分。

* 1560年，俄國立窩尼亞戰爭再起，條頓騎士團精銳部隊被粉碎。
* 1561年，瑞典參加立窩尼亞戰爭，占領愛沙尼亞北部。
* 1562年，法國「宗教戰爭」爆發。
* 1563年，俄沙皇伊凡四世親率8萬大軍攻入立陶宛。
* 1562年至1598年，法國新教和舊教之間發生胡格諾戰爭。
* 1566年，荷蘭先後爆發反對天主教會的聖像破壞運動，揭開了獨立戰爭的序幕。
* 1566年，尼德蘭資產階級革命開始。
* 1567年，法國宗教戰爭又起，胡格諾派失敗。

伊凡雷帝殺子

伊凡雷帝就是伊凡四世，是16世紀中後期的俄國沙皇，為人殘暴。他曾下令割去一個貴族的舌頭，僅僅因為「他說粗話」，還曾親手打死了自己的兒子。他兼併了窩瓦河（Volga）流域韃靼人的喀山汗國（Kazan），平定了窩瓦河流域；為了取得波羅的海出海口，發動了立窩尼亞戰爭。他努力使俄國躋進歐洲強國之林，遏制韃靼人和土耳其人侵犯俄國的領土。

↑圖為伊凡雷帝失手殺死親子後驚恐與悔恨的神情。該畫的作者是俄國十九世紀著名畫家列賓。

英國女王瑪麗·都鐸

瑪麗·都鐸（Mary Tudor）是英國歷史上第一位攝政女王。為恢復教宗在英國的權威，她對新教徒大加迫害，300多人被處以火刑。她的婚姻很不幸福，丈夫西班牙國王腓力二世只來英國看過她兩次，一次是她說她懷孕之後，一次是她臨終前。1558年元旦，法國發動襲擊奪取英國已經占領了200多年的加來港，英國失去了在歐洲大陸的橋頭堡。她臨死時說：「加來在我的心中。」

法國屠殺新教徒

1572年8月24日，這一天是新教徒的聖巴多羅買節（St. Bartholomew's Day Massacre），法國國王查理九世利用法國新教徒這天在巴黎集中的機會，發動了一場血腥屠殺，當天至少有3000名新教徒被殺。

← 在這幅畫裡，一位已經成為修女的女子正在阻止他的親人（是情人或是兄弟）去參加這場屠殺，門外的黑衣人則在催促年輕人趕快出發，而年輕人手臂上的白布證明他是屠殺者天主教一派。

英國擊敗西班牙的「無敵艦隊」

1588年7到8月間，英國艦隊與西班牙艦隊在英吉利海峽的加來海域進行一場海上決戰。結果英國艦隊大獲全勝，擊敗了世界上最強大的對手，從西班牙手中奪取了海上霸權，從此取得霸主地位。

- 1572年，在尼德蘭，「海上乞丐」占領西班牙的據點布里爾城（Brill）。
- 1579年，波蘭－立陶宛國王巴托里（Stephen Batory）率軍反擊俄軍，此戰大捷。尼德蘭南方成立「阿拉斯同盟」（Union of Atrecht），北方諸省締結「烏特勒支同盟」（Union of Utreeht）。
- 1585年，西班牙軍隊在尼德蘭南方攻陷布魯塞爾，13個月後安特衛普陷落，南方革命失敗。
- 1588年，英國在英吉利海峽擊敗西班牙「無敵艦隊」，從此取得海上霸權。
- 1592年10月，鄂圖曼土耳其帝國蘇丹蘇里曼一世率軍攻打奧地利。
- 1592年，日本侵略朝鮮，朝鮮人民展開衛國戰爭。
- 1593年，土耳其與奧地利戰爭爆發。

伽利略

　　17世紀義大利著名的天文學家、物理學家和學者。1632年，伽利略出版了《關於托勒密和哥白尼兩大宇宙體系的對話》。該書依據天文觀察所得，結合力學原理，抨擊托勒密的「地心說」，論證了哥白尼「日心說」的正確性。次年，羅馬宗教裁判所傳訊伽利略，以攻擊亞里斯多德和宣揚「異端思想」罪判他終身監禁。

> [↓ 圖為在宗教法庭上的伽利略。]

法國國王路易十三

　　17世紀前期的法國國王，9歲即登王位。他平定了新教起義，讓黎塞留（Duc de Richelieu）成為樞機主教，強調國家利益。他對西班牙發動的戰爭取得了重大勝利，被當時的歐洲人視為最強大的君主之一。他死後，兒子路易十四即位。

尼德蘭的獨立運動

　　西班牙為了鎮壓尼德蘭人民的起義，在各地建立了大量的絞刑架，絞死與他們作對的尼德蘭人。但是尼德蘭人並不畏懼，為了表示對西班牙人的蔑視，他們在絞刑架下歡快地跳舞。

←圖為當時的尼德蘭畫家布勒哲爾的名作《絞刑架下的舞蹈》。

西班牙和荷蘭的海戰

　　17世紀初荷蘭獨立後，西班牙又對荷蘭發動了戰爭，這時兩國之間的戰爭已經演變成為歐洲三十年戰爭的一部分。荷蘭打敗西班牙軍隊後，迅速發展起來，成為「海上馬車夫」。

→圖為西荷海戰一隅。

- 1596年，波蘭東正教與天主教合併。鄂圖曼土耳其與匈牙利交戰，土軍大獲全勝。
- 1597年10月，朝鮮水師重創日軍艦隊。同年底，朝中軍民取得壬辰戰爭的勝利。
- 1598年，法王亨利四世頒布《南特敕令》。 日本進入德川家康統治時期。
- 1600年，英國建立東印度公司。 義大利著名天文學家布魯諾（Giordano Bruno）被異端法庭判處火刑。
- 1601年，英國鎮壓愛爾蘭的反英起義。
- 1602年，荷蘭建立東印度公司。義大利空想共產主義者康帕內拉（Tomasso Campanella）在獄中寫出《太陽城》一書。
- 1603年，英國都鐸王朝結束，斯圖亞特王朝（Stuart）開始。
- 1605年，西班牙賽凡提斯所著《唐吉訶德》一書問世。
- 1607年，西班牙艦隊與荷蘭海軍之間爆發直布羅陀海戰，荷海軍大勝。
- 1609年，西班牙承認荷蘭獨立。
- 1612年，英國艦隊在印度西海岸擊敗葡萄牙艦隊。

平民出身的宮廷畫師
委拉斯蓋茲

　　17世紀的西班牙國王腓力四世是個沒有什麼功績的君主，他有個很大的愛好：請人畫像。著名畫家委拉斯蓋茲（Diego Velazquez）後來還成為他御用的宮廷畫師。委拉斯蓋茲出身寒微，創作出當時少見的現實主義作品。他雖然身為宮廷畫家，卻始終未失平民本色。

→圖為委拉斯蓋茲筆下的西班牙國王腓力四世。

畫家魯本斯和他的妻子

魯本斯（Peter Paul Rubens）是17世紀法蘭德斯（Flanders，包括現在的法國北部、比利時和荷蘭的部分地區）著名畫家，巴洛克藝術的代表人物。他不僅是激情澎湃、豐富多產的藝術家，同時也是一個人文主義學者和重要的外交家。

17世紀新國家荷蘭的繁榮

17世紀中葉，新國家荷蘭，在亞洲和美洲大陸的貿易中積累了巨大財富。荷蘭生機勃勃的商業活動和自由精神，是受到來自法國或西班牙的猶太人和新教徒，其技術者集中到荷蘭的影響。在這種風潮中，也產生了新思想和面向市民的藝術。科學家惠更斯（Christian Huygens）提出波動說，威廉・哈維（William Harvey）發現血液的構造。富裕的商人建造高大的尖頂房屋，用著名藝術家的畫作裝飾。

[↓ 圖為繁榮的阿姆斯特丹港。]

* 1613年，俄國羅曼諾夫王朝（Romanov）的統治開始。
* 1617年，俄國與瑞典簽定《斯托爾波沃和約》（Peace of Stolbowa）。奧地利與西班牙兩個哈布斯堡家族締結繼承協定。
* 1618年，歐洲爆發三十年戰爭。捷克的新教徒在波西米亞地區的布拉格舉行起義，事後27名起義領導人被處決。
* 1619年，荷蘭侵占雅加達，作為荷蘭東方殖民地的首府。
* 1620年，哈布斯堡王朝的蒂利伯爵在白山戰役中擊潰捷克軍隊。
* 1620年至1623年，斯皮諾拉（Spinola）侯爵統率西班牙天主教聯盟軍隊，占領了新教聯盟中心法耳茨（Pfalz）侯爵的領地。

［←圖為白山會戰。］

白山戰役

　　歐洲三十年戰爭中，1619年6月，圖爾恩（Thurn）伯爵率領捷克軍隊包圍維也納，但西班牙軍隊和神聖羅馬帝國軍隊在布庫阿和丹彼爾指揮下侵入捷克領土，迫使圖爾恩解除了對維也納的圍攻，返回捷克解圍。1620年11月8日，哈布斯堡王朝的蒂利（Tilly）伯爵和布庫阿的軍隊侵入捷克，在白山戰役（White Mountain）中擊潰捷克軍隊。

讀書的樞機主教

　　黎塞留在17世紀的法國享有崇高威望。在這幅畫裡，表現了法國上層社會對這位為法國帶來巨大榮耀的樞機主教的敬畏之情。

荷蘭守軍交出布藍達鑰匙

　　三十年戰爭中，西班牙軍隊攻克了駐守在軍事重地布藍達的荷蘭軍隊，取得了一次重大勝利，荷蘭守軍向西班牙軍隊交出了布藍達的鑰匙。但是後來根據條約，布藍達又回到了荷蘭人手中。該畫的作者是西班牙著名畫家委拉斯蓋茲。

* 1621年，荷蘭建立西印度公司。西班牙與荷蘭戰爭又起。波蘭與瑞典發生戰爭。
* 1623年，英國頒布關於發明權的特許令。荷蘭在南美與葡萄牙展開鬥爭。
* 1624年，歐洲三十年戰爭第一階段結束，德國天主教同盟獲勝。
* 1625年，西班牙軍隊攻克駐守在軍事重鎮布藍達（Breda）的荷蘭軍隊，取得了三十年戰爭中的重大勝利。瓦倫斯坦（Wallenstein）軍隊在德紹（Dessau）附近打敗新教聯盟軍隊。
* 1628年，瓦倫斯坦軍隊占領整個德意志北部，並侵入日德蘭半島（Jutland）。

生命垂危的伊莉莎白一世女王

英國16世紀後期最偉大的君主，亨利八世之女。她在位期間，英國擊敗了西班牙的無敵艦隊，成為新的海上霸主。她治理自己的國家45年，英國一片繁榮景象。伊莉莎白成為英國敬仰的人物，也為外國人所尊重。

→圖為在伊莉莎白
一世女王彌留之
際，大臣們紛紛向
她訣別。

掀起「瑞典風暴」的古斯塔夫二世

17世紀前期的瑞典國王，曾在三十年戰爭中所向無敵。他的改革使瑞典比其他歐洲國家更現代化和更有效率。1629年，瑞典－撒克遜聯軍在布賴滕費爾德（Breitenfeld）戰役中一舉擊潰敵軍。為了取得進一步的成功，他發動了1632年的呂岑（Lutzen）戰役。在這場戰役中，瑞軍大獲全勝，但古斯塔夫二世在率領騎兵衝鋒時陣亡。古斯塔夫最偉大的成就是把瑞典建成了一個強大的國家。

↑圖為古斯
塔夫二世。

1634年訥德林根戰役

　　1634年9月6日，瑞典軍
與神聖帝國軍隊在訥德林根
（Nordlingen）附近的交戰中失
利，瑞典軍指揮官荷恩被俘，
傷亡與被俘人數過半，貝爾納
帶14000餘人逃離戰場，瑞典也
失去了大部分的占領土地。

　　→圖為指揮1634年9月6日
訥德林根之戰的紅衣主教因
芳德（Infante Ferdinand），
他是西班牙國王腓力三世的
兒子，腓力四世的弟弟。

* 1631年，東非沿海蒙巴薩（Mombasa）蘇丹帶頭反抗葡萄牙的統治，1698年葡萄牙終於被趕出蒙巴薩。
* 1631年9月，瑞典國王古斯塔夫二世在布賴滕費爾德與神聖羅馬帝國軍隊會戰，瑞軍獲勝。
* 1632年，在呂岑會戰中，瑞典軍擊敗了瓦倫斯坦軍，但瑞典國王斯古斯塔夫二世戰死。
* 1634年，瑞軍與帝國軍隊在訥德林根附近的交戰中失利，失去了大部分領土。
* 1638年，荷蘭占領了模里西斯島（Mauritius）。
* 1640年，英國資產階級革命開始。 葡萄牙爆發反對西班牙統治的革命。
* 1641年，愛爾蘭爆發大規模反英起義。 英國國會通過《大抗議書》，詳細羅列國王罪行。

臨刑前的斯特拉福德伯爵

　　斯特拉福德（Strafford）伯爵是英格蘭國王查理一世的主要顧問之一。1639年國王查理召他回國，要他去平息蘇格蘭人的起義，但他所率領的軍隊並未能阻止蘇格蘭人侵擾英格蘭北方各郡。1641年3月英格蘭對他開始審訊，國王曾力圖使其免遭審判，但未能成功。1641年5月，他就在大批歡騰的群眾面前走上斷頭臺。這幅畫表現的就是行刑前朋友們為伯爵送行的情景。

白金漢公爵一世

　　英格蘭政治家，1614年成為英國國王詹姆斯一世的寵臣。1627年他率兵8000名前去解救遭到法軍進攻的拉羅歇爾港（La Rochelle），奮戰4個月後，潰不成軍，被迫撤退。1628年8月，他被海軍軍官費爾頓（Felton）刺死，倫敦市民聽到這一消息無不額手稱慶。

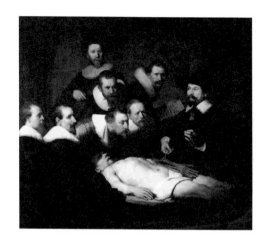

尼柯拉・杜爾普教授的解剖課

尼柯拉・杜爾普（Nicolaes Tulp）醫生是當時荷蘭最著名的外科醫生，這幅畫表現的是杜爾普醫生正在向學生授課的情景，而學生則是阿姆斯特丹的市政府官員。這幅畫的作者是荷蘭著名畫家林布蘭，這是他的成名作。

莎士比亞和他的著作

17世紀前後英國最偉大的作家、戲劇大師。他才華橫溢，創作出的喜、怒、哀、樂場面使人印象鮮明，歷久難忘，作品被翻譯成世界各國多種文字，影響深遠。他的劇作至今仍然膾炙人口，其中四大悲劇是其創作的高峰，分別是：《哈姆雷特》、《奧賽羅》、《李爾王》和《馬克白》。在喜劇方面，如《威尼斯商人》、《仲夏夜之夢》、《溫莎的風流娘兒們》和《第十二夜》，也達到了他人難以比肩的成就。直至今日，他的劇作仍經常被改編為歌劇、芭蕾舞、電影和電視劇。

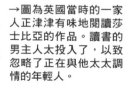

→圖為英國當時的一家人正津津有味地閱讀莎士比亞的作品。讀書的男主人太投入了，以致忽略了正在與他太太調情的年輕人。

- ＊ 1641年，荷蘭占領馬來半島的葡萄牙領地麻六甲。
- ＊ 1642年，荷蘭奪取英國黃金海岸除海岸角以外的據點。英國內戰開始。英國奧利佛‧克倫威爾（Oliver Cromwell）在自耕農中組織新軍。
- ＊ 1643年，法國路易十四即位，因為年幼，首相馬薩林輔政。5月，法軍在南尼德蘭的洛可瓦（Rocroi）與西班牙軍隊決戰中獲勝。
- ＊ 1644年，英國會軍在馬斯頓荒原大敗國王查理一世的軍隊。
- ＊ 1645年，克倫威爾為新模範軍副總司令。法王路易十三協同蒂雷納（Vicomte de Turenne）元帥在訥德林根打敗德皇軍隊。

上了斷頭臺的國王查理一世

　　他是英國和愛爾蘭國王，詹姆斯一世之子。他在位期間，王權受到很大制約，被迫同意「不經國會認可不得解散國會」的提案。後來英國發生革命，他被法庭宣判為暴君、叛國者、殺人犯和人民公敵而處決。1649年1月30日晨，查理一世上了斷頭臺。

[↓圖為身為天主教徒的妻子正在告發她的新教徒丈夫。]

焚書運動

　　三十年戰爭實際上是一場宗教戰爭。在這幅畫中，天主教徒正在審查新教徒的書籍，對於不符合天主教教義的書籍堅決銷毀，對新教徒，則在肉體上予以堅決清除。1631年，神聖羅馬帝國軍隊攻克並洗劫了馬格德堡城（Magdeburg）。大約有3萬名新教徒被屠殺，許多房屋被燒毀。

1645年訥德林根會戰

　　1645年，法王路易十三與蒂雷納元帥在訥德林根打敗德皇軍隊。法國和瑞典軍隊還取得另外幾次戰役的勝利，使哈布斯堡王朝集團無力再戰，被迫於1648年訂立和約。

樞機主教黎塞留

　　他是法國17世紀的政治家、樞機主教，也是17世紀法國強大國力的締造者，成功地使政局從混亂趨向穩定。他在全世界的範圍內，擴大了法國的勢力。

* 1647年，英國國會囚禁國王。
* 1648年，普勒斯頓（Preston）戰役，英國會軍擊敗蘇格蘭王黨軍，第二次內戰結束。英國國會
  成立最高法庭，對國王查理一世進行審判。
* 1649年，英國國王查理一世被斬首。英國國會正式宣布英國為共和國。
* 1652年，第一次英荷戰爭爆發，荷蘭失敗。
* 1653年，英國頒布新憲法，克倫威爾任英格蘭、蘇格蘭和愛爾蘭的護國公。
* 1654年，烏克蘭正式合併於俄國。波蘭與俄國爭奪烏克蘭的戰爭爆發。
* 1655年，瑞典與波蘭爆發第一次北方戰爭。英國為克倫威爾舉行護國公就職典禮。 普魯士結
  束對波蘭王國的依附關係。

內茲比戰役中的查理二世

　　內茲比（Naseby）戰役是英國
內戰第一階段的關鍵戰役。1645年
6月克倫威爾的新模範軍與魯珀特
（Rupert）王子的王軍，在英格蘭萊
斯特（Leicester）以南約20英哩處進
行戰鬥。新模範軍的騎兵表現優異，
使王軍一敗塗地。

↑在三十年戰爭
中，幾位新教軍
官正在研究作戰
計畫。

←當時還是王子的查理
二世參加了這次決定性
的戰役。

三十年戰爭結束

　　經過3年談判，1648年10月24日宣告「三十年戰爭」結束的《威斯特伐利亞和約》（Westphalian Treaty）的簽署，沉重地打擊了神聖羅馬帝國哈布斯堡王朝，進一步加深了德國的政治分裂，開創了近代歐洲國際關係的新格局。

瑞典風暴

　　1655年7月，為了爭奪波羅的海沿岸領土，瑞典對波蘭發動了戰爭。當時的瑞典軍隊在兵力和裝備上都是歐洲最強的，在短短幾個月內，就占領了波蘭的大部分國土，這樣的進攻速度被當時的人稱為「瑞典風暴」。在這股「風暴」的席捲下，波蘭的貴族軍隊很快就投降，但是老百姓自發組織起來，抗擊侵略者。

* 1658年，在迪納（Dunes）之戰中，英法聯軍擊退西班牙軍隊，西班牙向法國求和。奧朗布則（Aurangzeb）宣布自己為莫臥兒帝國皇帝，並自稱是「世界征服者」。
* 1659年，日本下令禁止天主教。
* 1664年，神聖羅馬帝國打敗土耳其軍隊。 英國奪取荷蘭在北美的殖民地新阿姆斯特丹，將其改為新約克鎮，又建立新澤西州。法國建立新印度公司，開始侵略印度。
* 1665年，第二次英荷戰爭爆發。
* 1666年，在敦克爾克（Dunkirk）海戰中，荷蘭艦隊擊敗了英軍。法國與荷蘭訂立同盟條約。
* 1667年，法國與西班牙為爭奪西屬尼德蘭爆發「權力轉移戰爭」（War of Devolution）。

「帝師」馬薩林

↑這幅畫表現的就是在生命的最後時刻，他還與情婦們打牌的情景。

馬薩林（Jules Mazarin）是法國樞機主教黎塞留的繼任者，對黎塞留忠心耿耿。他是義大利人，待在黎塞留身邊的年代裡，他開始喜歡法蘭西民族。後來馬薩林離開教廷，進入法國官場，曾任路易十四的導師。路易十四即位後，馬薩林引導幼主日益關心政府事務，並為幼主訓練了大批行政人員。另外，他曾創建王室繪畫和雕刻學院。到了晚年，他則沉溺於縱情享樂。

克倫威爾和查理一世

↓圖為克倫威爾正在看查理一世的遺體。

克倫威爾以輕蔑的目光面對棺材中查理一世身首異處的遺體。但是令人唏噓的是，在克倫威爾宣布國王犯有「叛國罪」的11年後，復辟的王政同樣宣布克倫威爾犯了「叛國罪」。唯一的區別是，此時克倫威爾已死，新的國王只好將他的屍體挖出來掛在絞刑架上。

變革的腳步

西元17世紀──第一次世界大戰前

* 1668年，神聖羅馬帝國參加西班牙王位繼承戰爭，對法宣戰。
* 1672年，第三次英荷戰爭爆發。
* 1673年，法國著名諷刺喜劇作家莫里哀去世，其代表作有《唐璜》、《偽君子》、《慳吝人》。
  荷蘭艦隊在特克塞爾（Texel）附近與英法海軍激戰。
* 1674年，英國與荷蘭媾和，第三次英荷戰爭結束。義大利西西里島爆發反西班牙統治的起義。
  日本嚴禁天主教。
* 1676年，俄國與土耳其為爭奪烏克蘭再次爆發戰爭。
* 1677年，法國從荷蘭人手中奪取了戈雷島（Goree）。

←圖為路易十四視察法國皇家天文臺。法蘭西科學院創建者考爾白（Jean Baptiste Colbert）正在向路易十四介紹皇家科學院成員。

「太陽王」路易十四

　　他是法國國王，路易十三之子。他主張「朕即國家」，自稱「太陽王」，是法國歷史上非常有作為的國王，能與同時代的中國皇帝康熙大帝相媲美。在他的時代，法國的生活方式、主要城鎮結構和山河面貌都有很大變化。他營建新的凡爾賽宮，至今猶存。路易十四尊重藝術家、科學家和學者，他還是大作家莫里哀（Moliere）和拉辛（Jean Baptiste Racine）的保護人。他透過吞併法蘭德斯的部分領土和東部的一些地區，擴展了法國的疆界。他去世後，法國人民一直在稱頌他。法國啟蒙運動的領袖伏爾泰把他比做羅馬皇帝奧古斯都。

笛卡兒和瑞典女王克莉絲蒂娜

笛卡兒是法國數學家和哲學家,將哲學思想從傳統的經院哲學束縛中解放出來的第一人。他曾提出為人所熟知的著名命題:「我思,故我在」。瑞典的嚴寒天氣使笛卡兒1650年死於肺炎。

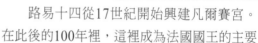

↓這幅畫表現了瑞典女王克莉絲蒂娜(Christina)和他的朝臣正在聽笛卡兒上哲學課的情景。女王本人則因信仰問題於1654年被廢黜。

凡爾賽宮的興建

↓圖為正在興建的凡爾賽宮。

路易十四從17世紀開始興建凡爾賽宮。在此後的100年裡,這裡成為法國國王的主要居住地和政府所在地達百年之久,法國大革命的最初一幕就是在此揭開。路易菲力浦(Louis-Philippe)於1837年將此修復並闢為博物館。

- 1679年，神聖羅馬帝國皇帝利奧波特一世（Leopold I）與法國及瑞典媾和。
- 1682年，彼得一世（Peter I the Great）即位俄國沙皇，其姊索菲婭（Sophia）攝政。
- 1683年6月，鄂圖曼土耳其蘇丹穆斯塔法二世（Mustafa II）率20萬大軍入侵神聖羅馬帝國。土耳其軍隊圍困維也納，由於波蘭軍隊支持奧地利，土軍被擊潰。
- 1684年，法國與西班牙、神聖羅馬帝國締結《雷根斯堡條約》（Treaty of Regensburg），休戰20年。法王路易十四派兵進攻熱那亞（Genoa）。
- 1686年，奧地利軍攻占被土耳其占領的布達。神聖羅馬帝國與西班牙、荷蘭、瑞典等結成反對法國的「奧格斯堡同盟」（League of Augsburg）。俄國與波蘭訂立《永久和約》，確認烏克蘭歸俄國所有。

拉莫

　　拉莫（Jean Philippe Rameau）是18世紀法國著名音樂理論家和作曲家，其古鋼琴曲流傳至今，是當時巴洛克風格的音樂大師。其創作生涯的頂峰是在18世紀中期，他曾在8天之中輕而易舉地寫成名作《皮格梅良》，還有6部歌劇同時上演。

凡爾賽宮落成

　　路易十四在新建成的凡爾賽宮中召見文武大臣。在1870年的普法戰爭中，這裡一度成為普魯士軍隊的總指揮部。後來，普魯士國王威廉一世還在這裡宣告統一的德意志帝國成立。

奧土戰爭

　　17世紀後期，土耳其大舉進犯匈牙利西部地區，雙方爆發戰爭，在拉布（Raab）河畔的聖戈特哈特（St. Gothard）附近進行了決戰，土耳其軍遭奧地利軍迎頭痛擊而失利。根據1664年雙方締結的和約，土耳其從特蘭西瓦尼亞撤軍。

↑圖為匈牙利軍隊在抗擊鄂圖曼土耳其帝國軍隊時的戰鬥場景。

* 1688年，神聖羅馬帝國打敗土耳其軍隊，並攻占貝爾格勒（Belgrade）。法國對神聖羅馬帝國宣戰，並與奧格斯堡同盟發生戰爭。
* 1689年，俄國沙皇彼得一世親政。 法國與阿爾及利亞簽定百年條約，法國取得在阿爾及利亞政治上和商業上的優勢。英法兩國在北美開始「威廉王戰爭」（King William's War）。土耳其海軍在多瑙河上的維丁城附近敗於奧地利。
* 1692年，英國艦隊在拉哈格（La Hague）海面擊敗法國海軍。
* 1694年，英國國會頒布《地位法案》，規定政府官員不得兼任下院議員。英格蘭銀行創立。

英荷戰爭

　　17世紀中後期，英荷兩國的商業競爭日益加劇，最後導致兩國發生了三次戰爭。戰爭之後，荷蘭在經濟、貿易、海運方面的實力大為下降，從此「海上馬車夫」把海上霸權讓給了英國，淪為歐洲二流國家。

↓圖為荷蘭艦隊與英法海軍在特克塞爾交戰的情形。

奧地利軍占領布達

　　16至18世紀，奧地利和土耳其為爭奪東南歐和中歐的霸權而發生了多次戰爭。1686年，奧軍攻占被土耳其占領的布達，暫時打退了土耳其的攻勢。本圖描繪的即是當時的情景。

↓圖為路易十四戰勝了荷蘭軍隊。

路易十四力求在歐洲稱霸

　　法國「太陽王」路易十四有一支強大的軍隊和一批有經驗的將軍，因此他即位後就野心勃勃地力求在歐洲稱霸。他強調他的政權源於查理大帝的帝國，他是神聖羅馬帝國皇帝的候選人。他曾想把易北河劃為法國東部的邊界，首先要征服的就是德意志西部各邦、西屬尼德蘭和荷蘭。

- 1695年,英國取消出版物檢查令。
- 1697年,俄國沙皇彼得一世出遊英、法、荷等國。奧地利軍隊在蒂薩(Tisza)河畔澤特(Zenta)一戰大勝土耳其軍隊。土耳其軍隊從貝爾格勒入侵匈牙利,被奧地利軍隊殲滅。
- 1698年,英國與法國、荷蘭訂立關於分割西班牙的協定。英國證券交易所成立。法國與神聖羅馬帝國簽訂第一次瓜分西班牙協定。
- 1699年,俄國與波蘭、丹麥結成反對瑞典的「北方同盟」,1700至1721年對瑞典發動「北方大戰」,俄國勝利。
- 1700年,在納爾瓦(Narva)戰役中,瑞典國王卡爾十二世(Carlos XII)率隊擊敗俄軍。
- 1701年,勃蘭登堡(Brandenburg)選侯腓特烈三世(Frederick III)舉行加冕禮,改稱普魯士國王腓特烈一世,勃蘭登堡選侯國改為普魯士王國。西班牙王位繼承戰爭爆發。

牛頓

　　17世紀英國偉大的物理學家和數學家,當時科學領域的頂峰人物。他在力學上,提出了近代物理學基礎的力學三大定律和萬有引力定律;他對白光由色光組成的發現,為物理光學奠定了基礎;他還是微積分學的創始人。他的《自然哲學的數學原理》是近代科學史上最重要的著作。

俄國拉辛起義

　　拉辛(Stenka Razin)是俄國17世紀哥薩克和農民起義的領袖。1670年在與沙皇阿列克塞(Alexis)派遣的巴里亞京斯基親王作戰失利後,拉辛逃往頓河。1671年4月24日被擒,經嚴刑拷打後在紅場凌遲處死。拉辛被人民當作英雄,無數的民歌和傳說歌頌拉辛和他的功績,使拉辛萬古流芳。

↓ 在這幅俄國現實主義畫家蘇里科夫(Vasili Ivanovich Surikov)創作的油畫中,表現了拉辛在起義失敗後逃往頓河時的情景。

彼得一世（彼得大帝）

　　17世紀後期，9歲的彼得和他同父異母的姊姊索菲婭繼承俄羅斯的皇位。但是到了17歲時，他將姊姊索菲婭趕下皇位，自己當了俄羅斯的新統治者。他決心要成為一個文明國家的偉大君主。不過，要想把落後愚昧的俄羅斯變成一個強大的歐洲帝國，絕非一夜之工，需要一雙強有力的手腕和一副睿智清醒的頭腦；而彼得正好兩者兼備。1698年，將現代歐洲移植到古老俄羅斯體內的高難度手術正式開始施行了。最後，「病人」存活了下來，俄羅斯發生了巨大的變化。

彼得一世在船廠打工

　　這個一心要改變俄國面貌的沙皇，學習西方先進技術，自己也身著荷蘭造船工的裝束。他在一次赴西歐的旅行中，匿名當起木匠，但

一個星期就被識破了。後來他又在阿姆斯特丹的一家造船廠工作了四個月。

* 1701年至1713年，再度爆發西班牙戰爭，歐洲許多國家被捲入。
* 1703年，匈牙利開始了反抗奧地利哈布斯堡王朝的鬥爭。
* 1704年，在布倫海姆（Blenheim）戰役中，法軍被英軍打敗。英國馬爾伯勒（Marlborough）公爵率英荷聯軍，由荷蘭進軍巴伐利亞，並攻克直布羅陀（Gibraltar）。
* 1706年10月，俄軍在卡利什（Kalisz）戰役中大敗瑞典軍隊。
* 1707年，英格蘭與蘇格蘭合併，稱「大不列顛王國」。
* 1708年7月，瑞典軍逼近俄國邊界，俄軍在戈洛夫欽（Golovchin）戰役中受挫折。俄國頓河下游哥薩克發動起義。
* 1709年，波塔瓦（Poltava）戰役中，俄國軍隊在彼得一世的率領下大勝瑞典軍隊。7月，俄國騎兵和瑞典騎兵在棱堡附近展開激戰，瑞典軍隊被迫投降。

索菲婭公主

索菲婭公主是彼得大帝的姊姊，彼得年幼時，俄國由她攝政，彼得親政後，她企圖發動政變，彼得鎮壓了近衛軍和索菲婭的同夥，並幽禁了索菲婭公主，窗外吊著的男屍據說是索菲婭的親信。

匈牙利愛國公爵拉科齊二世

拉科齊二世（Ferenc Rakoczi II），特蘭西瓦尼亞公爵。他在強烈的愛國主義環境中長大，決心為匈牙利的獨立而鬥爭。他領導農民舉行庫魯茨（Kuruc）起義，起初進展順利，但是其後經英奧聯軍的打擊，已無勝利的可能，不過仍然堅持了幾年。1717年應鄂圖曼蘇丹的邀請去君士坦丁堡，幫助建立反奧地利的軍隊。但在他到達之前，鄂圖曼帝國與奧地利已經簽訂和約，蘇丹不需要他效勞了。他在土耳其流亡中度過晚年。

禁衛軍臨刑的早晨

　　彼得大帝也有暴戾的一面，他鎮壓政敵從不手軟，這是1698年9月30日的清晨，臨刑的禁衛軍和他們的親人擁擠著作最後的告別。在畫面的右角，彼得大帝騎在馬上冷冷地注視著這些即將被鎮壓的叛亂者，他的身旁，是前來旁觀的貴族和外國使節；背後，則是林立的絞刑架和克里姆林宮的圍牆。這是一個歷史性的悲愴時刻，有200多位禁衛軍被吊上了絞刑架。到來年的2月，共有1100多名參與叛亂的皇室衛隊人員被處死。

瑞典國王卡爾十二世取得北方戰爭初期的勝利

　　1700至1721年，俄國和瑞典為爭奪波羅的海及其沿岸地區爆發了戰爭。起初，英勇善戰的瑞典國王卡爾十二世在北方戰爭初期不斷地取得勝利，但最終被俄羅斯「冬將軍」寒冷的天氣所打敗。

↓圖為戰爭初期，瑞典軍隊在獲勝後向他們的國王卡爾十二世歡呼。

* 1710年，土耳其發動對俄戰爭。
* 1711年，俄國對土耳其戰爭失敗，土耳其收復亞速夫（Azov）。奧匈締結《紹特馬爾和約》（Peace of Szatmar），匈牙利完全臣服於奧地利。莫爾達瓦公國（Moldova）為俄國所控制。俄國侵占千島群島。
* 1712年，在德南（Denain）戰役中，法軍大勝。
* 1713年，《烏特勒支條約》（Treaty of Utrecht）簽訂，西班牙王位戰爭結束。 神聖羅馬帝國繼續與法國作戰。俄國將首都從莫斯科遷至聖彼得堡。
* 1714年，俄國船隊在漢科角（Gangut）海戰中獲勝，瑞軍被徹底逐出了芬蘭。法國占領印度洋的模里西斯群島。
* 1717年，英國與法國、荷蘭結成三國同盟，共同反對西班牙。8月，奧地利軍隊在貝爾格勒附近擊潰土耳其軍隊，土軍投降。
* 1718年至1720年，為爭奪得北美德克薩斯（Texas）的領地，法國與西班牙之間發生戰爭，西班牙獲勝。
* 1719年，俄國實行行省改革。

土耳其雄風不再

　　1716年，土耳其又向奧地利開戰，但告失敗。第二年，奧地利軍隊在土耳其控制下的貝爾格勒附近擊潰土軍，貝爾格勒守軍投降。雖然土耳其的騎兵作戰依然勇猛，但是，此時的歐洲的實力已經大為增強，而土耳其的國力日衰，他們越來越習慣於接受失敗了。

↑圖為布倫海姆戰役英軍獲勝後，英國官兵向安娜女王歡呼的情景。

布倫海姆之戰

　　18世紀初，因為西班牙王位繼承問題，歐洲主要強國爆發了戰爭。戰爭中，英國、奧地利、荷蘭聯軍與法國、巴伐利亞軍隊，於1704年在巴伐利亞布倫海姆村附近地區進行決戰。最後，英奧荷聯軍擊潰了法軍，占了上風。布倫海姆之戰，同時打破了法國陸軍不敗的神話，令他們陷入恥辱中。

法軍在德南戰役中擊敗奧軍

　　1712年7月24日德南戰役中，由於失去英國的支援，奧地利大公尤金（Eugene of Savoy）敗在法國元帥維拉爾（Claude Louis Hector de Villars）手下，這是法國在布倫海姆戰役中慘敗於英奧聯軍8年後，終於報仇雪恨。

* 1720年，土耳其與俄國簽定「永久」和約。
* 1721年，北方大戰結束。俄國取得出海口。彼得一世取得全俄沙皇的稱號，史稱彼得大帝。英國內閣制完全形成。
* 1722年，印度汗王穆罕默德征服波斯，稱波斯王。彼得大帝進軍波斯，波斯戰敗，割讓亞塞拜然、喬治亞和亞美尼亞給俄國。
* 1722年至1723年，阿散蒂王國（Ashanti）占領西非北部的波納曼斯王國（Bono Manso）。
* 1725年，彼得大帝逝世，其妻即位，稱葉卡捷琳娜一世（Catherine I）。
* 1726年，神聖羅馬帝國與俄國締結反土耳其的軍事同盟。
* 1727年，英國物理學家牛頓去世。他創立的力學理論體系，統治自然科學領域達200年之久。
* 1731年，俄國開始兼併中亞草原上的哈薩克部落。

福拉哥納爾和洛可可藝術

洛可可（Rococo）藝術是19世紀源於巴黎的一種精緻的裝飾藝術風格。在繪畫上，其代表人物有華鐸（Jean Antoine Watteau）、布雪（Francois Boucher）和福拉哥納爾（Jean Honore Fragonard）等人。洛可可藝術風格是當時法國追求浮華和紙醉金迷生活的再現。福拉哥納爾是法國洛可可藝術的最後一位重要畫家，在他的作品裡，反映日常生活場景是其主要的創作題材，因而常被人們斥為輕率與膚淺。在這幅作品中，畫家描述了傳統三角愛情遊戲中的一幕，一個年輕的情人看著女人在丈夫的搖動下盪著鞦韆的情景。

被流放的名將
緬希柯夫

緬希柯夫（Menschikoff）是18世紀俄國傑出的軍事家，在北方戰爭及隨後的俄國爭霸歐洲的戰爭中，為彼得大帝立下赫赫戰功。但緬希柯夫晚年失寵，被流放到西伯利亞邊陲小鎮，在抑鬱寡歡中度過餘生。

↑畫中的緬希柯夫在女兒的依偎中靜靜地思考，好像還沉浸在指揮千軍萬馬馳騁疆場的回憶中。

安娜女王的宮廷

英王威廉三世死後，安娜成為英格蘭的統治者，歐洲各國似乎認為女王的大英帝國已不堪一擊。但布倫海姆戰役後，各國再也不敢小看女王和她的帝國。

↓圖為英國女王安娜和她的大臣們，牆上掛著的是伊莉莎白女王像。

* 1733年，北美喬治亞殖民地建立。至此，英國人在北美共建立了13個殖民地。為了爭奪波蘭
  王位，法國和奧地利交戰。
* 1734年，西班牙軍隊攻占義大利那不勒斯和西西里島。法王路易十五在西班牙的支持下，進
  攻義大利，將奧地利勢力從義大利大部分地區驅出。
* 1736年，俄軍重占亞速夫，並進軍克里米亞半島。奧土戰爭爆發，奧軍戰敗，被迫割地。
* 1738年，法國與神聖羅馬帝國簽訂維也納正式和約。
* 1739年，俄國、奧地利與土耳其簽定《貝爾格勒條約》，塞爾維亞成為土耳其的邊疆行省。
* 1739年，納狄爾汗（Nadir Shah）入侵印度，襲擊德里，搶奪莫臥兒皇帝的孔雀玉座等許多財
  寶。西班牙、英國為北美洲和加勒比海的霸權而交戰。
* 1740年，奧地利帝位戰爭爆發。
* 1741年，普魯士軍隊擊敗奧軍，並占領西利西亞（Silesia）。法與普簽定《布雷斯勞條約》
  （Treaty of Breslau），協議瓜分神聖羅馬帝國。英國在北美發動對法戰爭，奪取法國殖民地。
  瑞典再次發動對俄戰爭。

龐巴度夫人和路易十五

　　路易十五生性懶惰，又缺乏自信，在位的近60年中，法國捲入了歐洲
一系列戰爭，國家被他搞得一塌糊塗，有許多重大決策都是出自他情婦的
主意。 龐巴度夫人（Pompadour）出生於一個金融
投資商家庭，後來成為巴黎社交界紅人。1744年路
易十五的情人沙托魯（Chateauroux）突然去世，
使她有機會取而代之。1745年9月，龐巴度夫人成
為路易十五的情婦。在其後的近20年裡，她在宮中
地位穩固，凡想獲得恩寵、提升者，必須走她的門
路。她還是藝術家的保護人，許多藝術家都獲得過
她的資助。 由於縱容路易十五與奧地利結盟，使法
國捲入七年戰爭，法奧在戰爭中被普魯士腓特烈二
世徹底擊敗，龐巴度夫人難辭其咎，戰後不久便快
快死去。伏爾泰在談到她時說：「她靈魂正直，心
地公平，如此名姬，實為曠世罕見。」

↑圖為瑪麗亞·特蕾
西亞於維也納的霍夫
堡宮（Hofburg）。

瑪麗亞·特蕾西亞

　　瑪麗亞·特蕾西亞（Maria Theresa），奧地利女大公，匈牙利女王，波西米亞女王，神聖羅馬帝國皇帝法蘭西斯一世的皇后，18世紀歐洲的重要人物之一。她取得繼承權後，歐洲各國君主們大吃一驚。她因出席匈牙利三級會議成功，在歐洲博得外交家的名聲，還為自己的丈夫法蘭西斯取得神聖羅馬帝國的皇位。　瑪麗亞·特蕾西亞喜歡特立獨行，努力建立龐大的常備軍，取消大地主的賦稅豁免權，培養政府工作人員和法官，對大學教育進行改革；她下定決心收復西利西亞，甚至下令摧毀普魯士；她拋棄哈布斯堡王朝的老盟友英國，而與宿敵法國結盟，另外還和俄國簽訂條約。1765年法蘭西斯突然去世，她長期陷於悲痛之中。

第一次西利西亞戰爭

　　1741年開春，特蕾西亞女王派出大軍，企圖收復西利西亞。4月10日，奧普雙方對壘於莫爾維茨（Mollwitz），腓特烈二世完全依靠訓練有素和驍勇善戰的普軍擊潰奧軍。和談建議遭拒絕後，他率普軍在1741年5月17日的霍圖西茨（Chotusitz）戰役中重創奧軍，迫使奧地利簽訂和約，結束了第一次西利西亞戰爭。由於這兩次戰役的勝利，他開始被稱為腓特烈大帝。

* 1748年，亞塞拜然、喬治亞脫離波斯而獨立。
* 1749年，普魯士國王腓特烈二世實行司法改革。
* 1751年，法國狄德羅主編的《百科全書》出版。
* 1752年，西班牙公爵阿爾瓦率軍襲擊了荷蘭的幾座城市。
* 1753年，英國不列顛博物院成立。法國啟蒙運動思想家盧梭所著《論人類不平等的起源與基礎》出版。
* 1753年至1763年，在北美，英國和法國的戰爭開始。
* 1755年，俄國莫斯科大學建立。義大利科西嘉島（Corsica）人民發生暴動。
* 1756年，普魯士王腓特烈二世進攻薩克森（Saxony），「七年戰爭」爆發，戰火遍及歐洲、美洲、印度和亞洲。法國在地中海米諾卡島（Minorca）海戰中擊敗英國艦隊。

腓特烈大帝

他是18世紀中後期歐洲歷史上頗具影響的普魯士國王。在他統治下，普魯士逐漸崛起和強盛起來，一躍成為歐洲強國之一。他與法國啟蒙運動學者伏爾泰交遊甚厚，曾邀請伏爾泰進他的王宮請教問題，伏爾泰也認為他是心目中理想的「開明專制君主」的典型。

法國的啟蒙運動

　　伏爾泰（Voltaire）在他的《風俗論》裡，抨擊18世紀中後期法蘭西君主制下現存秩序裡的一切東西，整個法國都為之鼓掌叫好。由於觀眾太多、太踴躍，伏爾泰的戲劇只能在僅售站票的戲院裡上演。　盧梭（Jean Jacques Rousseau）點染著熱愛自然的感傷色彩，為他的當代同胞描繪出一幅原始先民如何生活於純真和快樂之中的美妙畫面，所有法國人都傾心不已。於是在這片「朕即國家」的土地上，人們帶著同樣的饑渴捧讀盧梭的《民約論》，並為他「重返主權在民，而國王僅僅是人民公僕的幸福時代」的呼籲，流下感動而辛酸的熱淚。　偉大的孟德斯鳩（Baron de Montesquieu）也出版了他的《波斯人信札》。在這本書裡，兩個思維敏銳、觀察力非凡的波斯旅行者，揭開了當代法國社會黑白顛倒的實質。這本小冊子很快風行起來。同時，他的另一本著作《論法的精神》招來了成千上萬的讀者。　之後的法國大革命，完全不是巴黎貧民窟的下層人民自發的暴力活動，他們是在中產階級專業分子的鼓動與領導下發起衝鋒的。啟蒙主義運動把人提高到前所未有的地位，人們開始關注普通人的生活，而不是宗教與帝王。

→ 在啟蒙派畫家夏丹
（Jean-Baptiste Simeon
Chardin）的作品裡，我們
看到的是普通平民家庭生
活中的各個場景。

* 1757年，英軍打敗法軍，占領孟加拉地區。9月，在大耶格爾斯多夫之戰中，俄軍大勝普軍。
11月，羅斯巴赫戰役中，普魯士的腓特烈二世擊敗法奧聯合軍。12月，普與法洛依勝大會戰，
普軍全勝。
* 1758年，普俄兩軍在屈斯特林城（Custrin）附近的措恩多夫村（Zorndorf）血戰，最後戰平。
* 1759年，英軍入侵法屬加拿大，奪取魁北克。從此，英國控制加拿大。8月，俄奧兩軍在法蘭
克福會師，與普軍進行庫納斯多（Kunersdorf）大會戰，普軍戰敗。

狄德羅主編《百科全書》

　　狄德羅（Denis Diderot）是18世紀法國卓越的啟蒙
思想家，也是著名的《百科全書》的組織者和主編。狄
德羅一生寫下了《哲學思想錄》等
一系列哲學著作及許多文學作品，
他所編著的一部空前的綜合性參考
著作《百科全書》的出版，改變了
大家的思想方法，掀起了一場「人
類精神上的革命」。《百科全書》
全名《百科全書，或科學、藝術、
技藝詳解辭典》，共35卷，包括了
18世紀中葉以前歐洲人的全部科學
成果。

→圖為狄德
羅胸像。

愛好音樂的腓特烈大帝

　　終身如同戰士一般生活的君王，卻有著深厚的音樂和繪畫修養。也許就是從他開始，冷酷殺戮和對藝術的熱愛，構成了德國軍人的典型氣質。

葉卡捷琳娜二世

　　18世紀中後期的俄國女皇，德意志親王之女。彼得曾為俄國打開對著歐洲的視窗，而她則打開了一扇大門。彼得迫使歐洲承認強大而獨立的俄羅斯的存在，而她則確立了俄國作為歐洲一流強國的地位，在大多數俄羅斯人的心目中，彼得和葉卡捷琳娜兩人的名字是永遠聯結在一起的。儘管俄國人以有彼得而自豪，但是他們也不斷地頌揚葉卡捷琳娜，認為這個日耳曼血統的女人帶給俄羅斯民族榮譽。　她共在位34年，頭腦聰敏，壯志凌雲，使俄國成為一個繁榮富強的國家，使俄國宮廷堪與凡爾賽宮媲美，並且普及教育，發展出獨特的俄羅斯民族文化。葉卡捷琳娜與普魯士、法國和奧地利保持友好關係。她與普奧兩國再次瓜分波蘭，還發動了對土耳其的戰爭，俄國兼併土耳其的屬地克里米亞，她的情夫波將金（Grigori A. Potemkin）也有功勞。　葉卡捷琳娜晚年進行行政改革，俄國29個省開始了重建工作。同時她自稱為「啟蒙運動的朋友」，是伏爾泰和狄德羅的朋友，並與當時的許多重要人物通信。此外她也保護文學，鼓勵發展科學，大力興辦學校。

↓葉卡捷琳娜二世視察俄羅斯皇家科學院。

↑圖為獲得特赦
與親人相見的一
名詹姆斯黨人。

詹姆斯黨人

　　1688年，英國爆發一次政變，國王詹姆斯二世逃走，威廉三世即位。但是還有許多人仍然支持流亡在國外的詹姆斯二世，對他效忠。這些人被稱為詹姆斯黨，頗有力量。在之後近60年的時間裡，他們曾數次協助斯圖亞特王朝繼承人進行復辟活動，但都遭到失敗。1746年4月中旬，詹姆斯黨最後仍被擊潰，有80餘人被處決。所幸，他們當中的大部分人得到了英國政府的赦免，得以還鄉。但詹姆斯黨大勢已去，日趨衰落下去。

英國向孟加拉徵稅

　　18世紀初，孟加拉從印度分裂出去，成為國家。英國戰勝法國後，取得了對孟加拉的統治權。1764年，英國從莫臥兒王朝皇帝夏·阿拉木二世那裡得到了向孟加拉徵稅的權利。英國向亞洲殖民的觸角越探越深。

↓圖為英國殖
民者在向孟加
拉人徵稅。

* 1763年，普魯士和奧地利簽定《胡柏圖斯堡和約》（Peace of Hubertusburg），「七年戰爭」結束。英國與波斯簽訂第一個不平等條約，英國獲得許多貿易上的優惠。印度孟加拉爆發反英起義。在北美，由龐蒂亞克（Pontiac）率領的印第安諸部族聯合軍與英軍作戰。

1764年，英國織工發明手搖紡織機「珍妮機」。法國思想家伏爾泰所著《哲學辭典》問世。

* 1769年，英國發明家瓦特（James Watt）製成單動式發動機。埃及馬木路克軍團發動政變，宣布埃及獨立。

英法北美戰爭

　　1755年，英、法在加拿大已開始了爭奪殖民地的軍事行動。由於在歐州，英軍封鎖法國港口，將法軍包圍在大陸。法國無力派軍赴北美增援，以致法軍的路易斯堡、匹茲堡、奧斯威戈等堡壘相繼落於英軍之手。英軍指揮官詹姆斯‧沃爾夫（James Wolfe）將軍指揮英軍進攻有法軍重兵駐守的北美魁北克，由於法軍輕敵，導致慘敗。在這次戰役中，英軍指揮官沃爾夫和法軍指揮官蒙特卡姆（Montcalm）將軍都戰死了。法國割讓加拿大及密西西比河以東的全部土地歸英國所有。

↑《沃爾夫將軍之死》，據說英王喬治三世非常欣賞這幅畫。

伏爾泰

　　法國17世紀最偉大的作家之一，反對暴政、偏執與酷虐的英勇戰士，至今依然享有世界聲譽。他體現了法蘭西民族性格的特點——批判精神、機智俏皮和挪揄嘲諷。他死於1778年，遺體在1791年大革命時期被移往巴黎的先賢祠。

歐洲人探索非洲內陸

18世紀中期起，歐洲人開始了對非洲內陸的探索。以前歐洲人對非洲內陸的興趣一直停留在開展沿海貿易，包括買賣奴隸。從此時起，更偏重了對非洲腹地的探索，他們的動機有科學上的、地理的或者商業上的。1778年，英國人班克斯（Sir Joseph Banks）還組織了非洲學會，幫助歐洲人到非洲探險。

←圖為一位
非洲酋長和
他的護衛。

澳洲成為英國領土

1769年，英國的庫克船長（James Cook）奉命到南太平洋執行天文觀測任務，登上了紐西蘭，並與當地的毛利人接觸。返航途中，他以英國國王喬治三世的名義，宣布紐西蘭屬於英國所有。1770年4月，庫克船長來到了澳大利亞北部一個巨大的海灣，他們在那裡探查了8天，因為那裡植物繁多茂密，遂命名為「植物灣」。

↓圖為澳洲
土地的牧羊
人。

他們最後來到澳大利亞的最北邊，再次以英王之名義宣布澳大利亞東部為英國領土，並取名為「新南威爾斯」。之後，英國又多次派人探查澳大利亞，最後把它完全變成了自己的領土。直到現在，澳大利亞和紐西蘭已經獨立，但還與英國有著千絲萬縷的聯繫。

* 1770年，北美殖民地的英國駐軍屠殺波士頓手無寸鐵的示威民眾，造成「波士頓慘案」。在土耳其地中海沿岸的切斯馬（Chesma）海戰中，俄國艦隊在奧洛夫（Alexey Orlov）海軍上將的率領下，擊敗了一支土耳其艦隊。
* 1771年，俄國完全征服克里米亞半島。英國國會通過《新聞報導自由法》。世界第一個用機械生產的棉織廠出現在英國曼徹斯特。
* 1772年，俄國、普魯士和奧地利簽訂瓜分波蘭的協定。土耳其恢復對埃及的統治。
* 1773年，北美波士頓發生傾茶事件。
* 1775年，萊克星頓（Lexington）的槍聲，揭開北美獨立戰爭的序幕。北美十三州代表在費城召開第二屆大陸會議，組織大陸軍，華盛頓任總司令。

喬治三世

　　他是跨18世紀和19世紀的英國國王，在為時間極長卻沒有什麼作為，政績乏善可陳。他幼年智力很差，到了晚年處於一種雖生猶死的麻木狀態。他小女兒的去世，使他受到極其沉重的打擊，導致精神錯亂，1820年在溫沙堡死去。

土耳其鎮壓馬木路克

　　「馬木路克」意即奴隸或奴隸出身的人，是穆斯林軍隊的主力。1811年，埃及的新統治者穆罕默德‧阿里帕夏（Muhammad Ali Pasha）對馬木路克進行了一次大屠殺，他們的權利完全被剝奪。

→圖為土耳其鎮壓馬木路克。

俄艦隊擊敗土艦隊

1770年，在切斯馬海戰中，亞歷克塞·奧洛夫海軍上將率領的俄羅斯艦隊擊敗了土耳其艦隊。

←圖為激戰中的切斯馬海戰。

班傑明·富蘭克林

「班傑明·富蘭克林（Benjamin Franklin）是18世紀美國最偉大的科學家、著名的政治家和文學家。他一生最真實的寫照，是他自己所說過的一句話：「誠實和勤勉，應該成為你永久的伴侶。」經過刻苦自修，富蘭克林成為學識淵博的學者和啟蒙思想家。

1746年，富蘭克林被電學這一剛剛興起的學科強烈吸引，便開始了電學的研究。他冒著生命危險，在雷雨天放風箏驗證天上和人間的電是同一種東西的假說；他還經過多次實驗發明了避雷針。在數學、光學、物理學、氣象、地質、聲學及海洋航行等方面，他也有很深入的研究，並取得了不少成就。

他一生用了不少時間去從事社會活動。富蘭克林特別重視教育，他興辦圖書館、組織和創立多個協會，都是為了提高各階層的文化素質。美國獨立戰爭爆發後，他積極地站在最前線。他曾經不顧年事已高，遠涉重洋出使法國，贏得了法國和歐洲人民對北美獨立戰爭的支援。1787年，他積極參加制訂美國憲法的工作，並組織反對奴役黑人的運動。去世後，他的墓碑上只刻著：「印刷工富蘭克林」。

- 1776年，北美資產階級民主主義者湯瑪斯・潘恩（Thomas Paine）發表《常識》一書。
- 1777年，法國志願軍抵達北美，援助北美反英獨立戰爭。1月，在普林斯頓戰鬥中，美軍重創英軍。10月，北美獨立軍在薩拉托加（Saratoga）大捷，此亦為美國獨立戰爭的重要轉捩點。大陸會議制訂並公布合眾國第一部憲法《邦聯條例》。
- 1778年，法國正式承認美國獨立。英國海軍發現夏威夷群島。普魯士與奧地利因巴伐利亞侯位繼承問題發生戰爭。
- 1779年，法國軍隊占領西印度群島的格瑞那達（Grenada）。英國工人發明騾機，能同時轉動2000紗錠。克羅西亞（Croatia）轉歸匈牙利統治。

普加喬夫農民起義

　　18世紀後期，俄國農奴制由盛而衰，農奴的反抗連年不斷。普加喬夫（Pugachev）出生於庫薩克家庭，1773年9月，他率眾起義。1774年，他發表了《全民告諭》，宣布給予農奴人身自由，免除人頭稅、貨幣稅和兵役，無償給予農民土地、森林和草場。他的號召得到人民的回應，隊伍迅速發展到了1萬多人。但他後來被叛徒出賣，被捕後於1775年1月判處死刑，遭砍頭、肢解。普加喬夫起義是俄國歷史上規模最大的一次起義，沉重地打擊了俄國農奴制和沙皇統治。

美國獨立戰爭

1775年到1783年，北美13個英屬殖民地反對英國殖民統治，謀求解放的革命戰爭。獨立的美利堅合眾國即在這次戰爭中誕生。

↑波士頓民兵在邦克山（Bunker Hill）戰鬥中，與裝備精良的英國正規軍第一次正面交鋒，顯示美國民兵驚人的戰鬥力。戰鬥中英軍傷亡超過千人，美國民兵傷亡400餘人。

科學觀念深入人心

18世紀，歐洲的科學技術有了重大突破，科學的觀念深入人心。不僅哲學家和思想家的頭腦中深深植入科學精神，連一般民眾也萌生了對科學的追求，神權禁錮和愚昧的時代即將過去。

→哲學家正在為人們講解天體運行的知識。

- ✱ 1780年，英國與法國、荷蘭、西班牙開戰，爭奪海外殖民地。8月，美軍在南卡羅來那的坎登（Camden）與英軍的激戰中傷亡慘重。
- ✱ 1781年，英軍在約克鎮（Yorktown）戰役中投降，美國獨立戰爭結束。
- ✱ 1782年，西班牙在秘魯鎮壓印地安人的反抗。北美十三州全部接受《聯邦條例》，據此，美國正式命名為「美利堅合眾國」。瓦特發明連動式蒸氣機。
- ✱ 1783年，英國正式承認美國獨立。俄國占領整個克里米雅半島，喬治亞歸俄國保護。
- ✱ 1784年，俄國在阿拉斯加建立第一個殖民地。
- ✱ 1785年，普魯士國王腓特烈大帝建立德意志大公聯盟。奧皇在匈牙利廢除農奴制。美國頒布《土地測量法》。

華盛頓

　　美國軍事統帥、政治家和首任總統。他遠見卓識，在獨立戰爭中打贏了決定性的一仗，在約克鎮俘獲英軍司令康華理（Charles Cornwallis）。1789年4月華盛頓當選為美國總統；5月，華盛頓到費城出席制憲會議，當選為會議主席；1799年12月14日他逝世的消息使美國人民無比悲痛。消息傳到歐洲時，處於敵對狀態中的英國海峽艦隊和拿破崙的陸軍都向他致哀。

化學革命發起人拉瓦節

　　拉瓦節（Antoine-Laurent de Lavoisier）是現代化學之父。1777年，他發現了空氣是由兩組元素構成，他把它們分別命名為氫和氧；1783年，他進一步透過實驗發現了水是氫氧構成的化合物；他還開創了定量的有機分析。在法國大革命恐怖統治的極端時期他被送上斷頭臺，原因是他曾當過前國王的收稅員。

→拉瓦節與妻子的肖像。

查特頓之死

查特頓（Thomas Chatterton）是18世紀英國哥德文藝復興運動的主要詩人。幼年聰慧，10歲能詩。11歲時作田園詩《埃利努爾和朱佳》，詭稱16世紀作品。此後又寫有一些詩篇，假託是15世紀羅利（Thomas Rowley）牧師所作。後來他去倫敦，打算以諷刺作品震撼全城一舉成名。滑稽歌劇《報復》雖為他賺了幾個錢，但仍然無法幫他脫離貧窮。1770年8月24日晚，他在寓所服砒霜自盡，年僅18歲。但他死後卻出了名，柯勒律治（Samuel Taylor Coleridge）為他寫《輓歌》，華茲華斯（William Wordsworth）稱他為「非凡少年」，雪萊（Percy Bysshe Shelley）有一節詩歌歌詠他，濟慈（John Keats）獻長詩《恩戴米昂》給他，克拉卜（George Crabbe）、拜倫（George Byron）等都對他稱頌備至，法國浪漫派作家也以他為典範。

— ＊ 1786年，法國里昂爆發工人起義。國王下令召開「名人會議」。美國費城印刷工人罷工，要求
提高工資。
— ＊ 1787年，為爭奪克里米亞地方的領土權，俄土戰爭爆發。美國制憲會議通過《憲法》，確定美
國為聯邦制國家。奧地利與土耳其發生戰爭，波西米亞和塞爾維亞再次為奧軍所占。
— ＊ 1790年，法國制憲會議宣布取消農民封建人身義務。法國宣布廢除貴族頭銜。海地爆發以自由
黑人為主的第一次反法武裝起義。

美國《獨立宣言》

　　1776年7月4日，北美各殖民地代表召開的第二屆大
陸會議上，通過了傑佛遜起草的《獨立宣言》，宣告13
個殖民地脫離宗主國英國，建立獨立的美利堅合眾國。
自此，每年的7月4日就成為美國的國慶日（獨立日）。

↓圖為代表
們通過《獨
立宣言》的
情形。

網球場宣誓

　　1787年到1799年間，震撼法國，並對後來的世界產生深遠影響的法國大革命爆發了。革命中最著名的事件，當屬1789年7月14日巴黎人民攻克了象徵專制統治的巴士底監獄，但是在此之前的網球場宣誓早已顯示了革命者的決心。

　　在三級會議期間，法國無特權的第三等級進行了戲劇性的挑戰行動。他們的代表認識到，無論試行任何改革，他們都會被教士和貴族兩個特權等級的票數所壓倒，於是在6月17日成立國民議會。1789年6月20日，凡爾賽平常開會的大廳關閉，第三等級代表被摒於門外，他們深信國王欲將其強行解散，因此就搬往附近一個網球場宣誓：如未能為法國制訂出一部成文憲法，絕不解散。面對著第三等級的團結一致，國王路易十六軟了下來，命令教士和貴族與第三等級一道參加國民議會。

── ✳ 1791年，海地革命爆發。法國議會通過憲法，法國成為君主立憲國家。

── ✳ 1792年，俄國與土耳其簽訂《雅西合約》（Peace of Jassy），俄國得到黑海出海口。奧地利與

普魯士結成第一次反法同盟。美國紐約證券交易所成立。俄國對波蘭宣戰。

華盛頓率軍進入約克鎮

[↓圖為華盛
頓率美軍開
進約克鎮。]

1781年8月，英軍退守維吉尼亞半島頂端的約克鎮，法美聯軍從陸海兩路完成了對約克鎮的包圍。英軍走投無路，於1781年10月17日請求進行投降談判。10月19日，8000名英軍走出約克鎮，當服裝整齊的紅衫軍走到衣衫襤褸的美軍面前一一放下武器時，軍樂隊奏響了《地覆天翻，世界倒轉過來了》的著名樂章。約克鎮戰役後，除了海上尚有幾次交戰和陸上的零星戰鬥外，北美大陸戰事基本上已停止。1782年11月30日，英美簽署《巴黎合約》草案，1783年9月3日，英國正式承認美國獨立。

路易十六

法國大革命前封建王朝的最後一代君主，1774～1792在位。他意志薄弱、優柔寡斷，但竭力維護教士和貴族的特權。他認為大革命不過是過眼雲煙，怠惰、昏庸、愚昧充分暴露出來。1792年，他勾結外國，企圖陰謀復辟，國民公會以叛國罪判處他死刑。1793年1月21日，路易十六在巴黎革命廣場上了斷頭臺。

波蘭廢除「自由否決權」

16世紀，在貴族心目中，歐洲最民主的國家是波蘭。1588年波蘭的一項法律禁止國王和政府官員搜查貴族家庭，只有因殺人、縱火、盜竊等罪刑，經過法院判決，才能逮捕貴族。貴族把這種特權稱為「黃金自由」。在16至18世紀，10％的公民享有選舉權和被選舉權，這在當時的歐洲是獨一無二的。1652年波蘭歷史上出現了只要一個議員反對，議案就無法成立的先例，這就是「自由否決權」。自由否決權的行使，把貴族民主制推到極點，但同時使議會政治處於癱瘓狀態。

18世紀末，在波蘭行將滅亡之際，在中小貴族和新興資產階級的推動下，波蘭出現了愛國革新運動。波蘭召開4年會議，通過了1791年憲法，廢除了自由選王制和自由否決權，並實行王位世襲制和多數表決制，建立君主立憲國家，希望以此挽救垂危的祖國。但俄國害怕波蘭獨立強大，波蘭的革新運動因而遭到俄國女皇葉卡捷琳娜二世武裝鎮壓，波蘭終究還是被俄國、普魯士和奧地利三個鄰國三次瓜分（1772、1793、1795）。

※ 1792年，法國對普魯士宣戰。巴黎人民攻占王宮，終止路易十六的王權，將國王和皇后監禁。
丹麥決議禁止奴隸販賣，這是西方第一個禁止奴隸貿易的國家。革命中的法國反擊歐洲反法勢
力的瓦爾米之戰爆發，法國獲勝。

法國群眾開赴前線

　　1792年8月，普奧聯軍向法國東北部邊境逼近。8月10日，愛國熱情高漲的巴黎人民再次舉行武裝起義，推翻了國王和君主立憲派政體，隨後成立法蘭西共和國。這時，普奧聯軍越過法國邊境，先後占領了隆維（Longwy）要塞和凡爾登（Verdun）要塞，並迅速向巴黎推進。法國軍民英勇抗擊，新徵召的部隊源源不斷地開往前線。

↑圖為瓦爾米激戰情景。

瓦爾米大捷

　　歐洲各國君主們結成了反法同盟，支持法國路易十六的君主政體。1792年，法國軍民熱烈擁護革命派，他們組建了新的部隊，開往前線，5萬多人在沙隆大道上的瓦爾米（Valmy）附近設防，抵抗入侵的普奧聯軍，最後獲勝。它是革命法國反擊歐洲反法勢力的第一次勝利，對於挽救法國革命具有重大的歷史意義。

↑圖為宣誓的波蘭英雄柯斯丘什科。

波蘭英雄柯斯丘什科

　　波蘭人在1794年發動起義。波蘭軍力薄弱，由柯斯丘什科（Thaddeus Kosciusko）指揮，他曾在美國獨立戰爭中為英國殖民者而戰鬥，並發揮了很大的作用。4月，柯斯丘什科運用自己的軍事經驗擊敗了一小批俄軍，但在遭遇到力量更為龐大的普俄聯軍之後，他不得不退回首都華沙。

法國全新的兵役制度

　　拿破崙的軍隊橫掃歐洲，
建立起遠遠超出法國本土的大
帝國，除去法國對外戰爭的反
干涉性質和拿破崙傑出的軍事
才華這兩個因素，法國的徵兵
制度也起了很大的作用。1793年，雅各賓派國民公
會頒布的動員全民起來武裝的法令，開創了全新的兵
役制度，將反干涉戰爭開始以來那種職業軍隊打仗、
人民群眾為保衛祖國也組成義勇軍打仗的傳統制度化
了。 1798年，督政府時期的元老院通過決議，將徵
兵制度確定下來。拿破崙更把徵兵制大大加強，規定
20至25歲的男性公民，凡身體健康者一律服兵役，
從而建立了強迫義務兵役制。這一制度當時得到了群
眾的支持。所以，當時的法國軍隊一直保持著高漲的
革命激情和愛國主義精神，以及對自由平等的熱愛。

[↑圖為大革命時
期奔赴前線的義
勇軍戰士。]

羅伯斯比爾

羅伯斯比爾（Robespierre）是法國革命家，在法國大革命中具有重要地位。由於為自由而戰鬥，他樹敵很多，敵人們稱他為「強盜」、「殺人犯」、「間諜」或「獨裁者」。 在1793年的熱月政變中，他被送上斷頭臺，這是革命的悲劇。他是一位愛國者，一位富有責任感和犧牲精神的人，至今影響極大。

金納發明牛痘治療天花法

1796年，英國醫生愛德華金納（Edward Jenner）用牛痘刀把牛痘細胞植入一個小男孩身上，

使他具有了對抗猖獗天花病的免疫力。愛德華金納早就注意到，整天和奶牛在一起的牛奶女工，生了牛痘後對天花具有免疫力。

* 1796年，拿破崙遠征軍到達義大利。法與西簽定反英同盟條約。西對英宣戰。
* 1797年，法軍征討羅馬教宗庇護六世（Pius VI），教宗向拿破崙割地求和。法軍擊敗奧軍，拿破崙在義大利北部建立了兩個共和國。拿破崙統率的法軍與阿爾溫齊（Alvintzy）統率的奧軍，在義大利里沃利鎮附近展開會戰。
* 1798年，拿破崙率法軍入侵土耳其統治下的埃及，占領了亞歷山大港和首都開羅。法軍進入羅馬，宣布建立羅馬共和國。法對奧宣戰；法軍進入瑞士，建立赫爾維亞共和國（Helvetia）。愛爾蘭爆發反英起義。英海軍在阿布基爾灣（Abukir）重創法國艦隊。那不勒斯向法國宣戰，進入羅馬。

瑪麗·安東尼

　　瑪麗·安東尼（Marie Antoinette）是法王路易十六的王后。據說她聽到老百姓沒麵包可吃的時候，冷冰冰地講：「叫他們吃蛋糕！」法國大革命中，她表現得比丈夫堅強、有主見，結果成了眾矢之的。她還向流亡貴族求援，甚至與敵國奧地利勾結，以圖復辟。1793年10月16日，她繼路易十六之後被送上斷頭臺。

土倫戰役中的拿破崙

　　拿破崙是法國大革命中脫穎而出的軍事家和政治家，他發動了一系列對外戰爭，使法國一度恢復了往昔歐洲霸主的地位。他是個非常矛盾的人，當他登上皇帝的寶座，卻保護了共和派大革命的成果；他建立起專制統治，卻頒布了影響後世的《民法典》；他受到了歐洲軍隊的聯合圍攻，可是這些國家在不同程度上都受到了他的影響。在人格方面，尊敬他的人可能與討厭他的人一樣多。但是，就推動歷史進步而論，他遠遠比當時的眾歐洲君主做的要多得多。

打敗反法同盟！

　　法國發生革命，處死國王後，歐洲國家的君主組織了第一次反對法國的聯盟。1797年，拿破崙統率法軍，遠征義大利，在里沃利（Rivoli）打敗了一支奧地利軍隊，重挫反法聯盟。奧地利軍隊失利後，元氣大傷，充滿了悲觀的情緒。

←圖為金字塔戰役結束後，進入開羅的拿破崙和他的軍隊。

金字塔激戰

　　法國大革命引發了英國的仇視。為了切斷英國歐亞非的交通樞紐，法國當時的督政府決定讓拿破崙遠征埃及。1798年，拿破崙率軍進兵開羅，在金字塔巍然可見之時，他們就碰上了在因巴拜（Embaba）掘壕據守的馬木路克軍團，一場血染黃沙的激戰在金字塔下展開了。儘管馬木路克士兵非常英勇，但是武器和戰術非常落後，結果大敗潰逃。隨後，開羅城接受了拿破崙的勸降，7月24日法軍進入開羅城。拿破崙僅用23天的時間，就使這個4000年歷史的東方文明古國歸順，成為埃及的新霸主。

- 1799年，拿破崙率軍進入敘利亞。俄軍在阿爾卑斯山搶渡「鬼橋」成功，向瑞士進軍。第二次反法聯軍從三個方向進攻法國。拿破崙抵達巴黎。拿破崙發動霧月政變，推翻督政府，建立三人執政。法國頒布共和八年憲法，拿破崙任第一執政。荷蘭東印度公司解散。土耳其蘇丹正式承認蒙特內哥羅（Montenegro）為獨立國。

- 1800年，拿破崙改建國家銀行，稱法蘭西銀行。拿破崙在馬倫戈（Marengo）戰役中擊敗奧軍，再次控制義大利。法國王黨分子暗殺拿破崙未遂。俄國與丹麥、瑞典、普魯士締約，宣布第二次武裝中立。美國舉行總統大選，湯瑪斯‧傑弗遜（Thomas Jefferson）當選總統。義大利物理學家伏特（Alessandro Volta）發明直流電源。巴西奧林達（Olinda）創辦第一所研究數學和自然科學的高等學校。埃及爆發第二次反法起義。法軍總司令克萊貝爾（Kleber）被埃及人刺死。

- 1801年，杜桑（Toussaint L'Ouverture）統一海地全島，建立黑人政權，宣布解放黑奴。

蘇沃洛夫

　　蘇沃洛夫（Aleksandr Vasilyevich Suvorov）是俄國著名軍事統帥，他提倡從實戰出發進行訓練。曾先後參加俄波戰爭和俄土戰爭，成為一名出色的指揮官。1799年2月，他指揮俄奧聯軍在義大利北部與法軍作戰，接連獲勝，反對法國大革命的人為之歡呼不已。但當他正準備入侵法國時，卻奉命越過阿爾卑斯山馳援瑞士境內的俄軍。當時，人困馬乏，大雪封山，陷入絕境。他激勵部隊，擊退追兵，勝利突圍。這是到當時為止，所進行的一切阿爾卑斯山行軍中，最為出色的一次。

馬拉之死

　　他是法國政治家，醫生和新聞工作者，大革命時期最激進一派的主要代表人物。大革命爆發的那年，他出版了一本補充讀物，談及國王只關心自己的財富問題，而不顧人民的死活。從1789年9月起，他在《人民之友報》上發表的文章，和在雅各賓革命俱樂部發表的演說，鼓動巴黎普通市民的階級意識感情。馬拉在議會內和街頭示威中得到巴黎人民的積極支持，很快成為國民公會中最有影響的代表之一。7月13日，一個支持溫和派別吉倫特派的年輕人以請求保護為名，進入馬拉的房間，把正在為治療皮膚病而沐浴的馬拉刺死。

美國總統傑克遜

　　美國軍事英雄和第7任總統。1828年當選為總統，就職後不久，即開始撤換官員，用支持他的人代替反對他的人。這種「輪流坐莊」的做法使傑克遜受到非議，但是沒有影響他後來的連任；他是當時最有手腕的政治領袖。當傑克遜於1828年當選總統時，他是一個派別的候選人，而不是一個政黨的候選人；但到他退休時，他留下了一個生氣勃勃和組織良好的民主黨。

- ＊1801年西班牙與法國訂立新約，入侵葡萄牙，迫使葡萄牙拒絕英軍在其境內活動。2月，法國與奧地利締結《呂內維爾和約》（Treaty of Luneville）。7月，拿破崙與羅馬教宗庇護七世達成協議，正式恢復天主教會活動，但教會必須聽從政府。
- ＊1802年，法國頒布《共和十年憲法》，拿破崙為法蘭西共和國終身執政。

↑圖為法蘭西的
第一人拿破崙。

拿破崙當上第一執政

　　1800年督政府被推翻以後，法國新成立了執政府。拿破崙堂而皇之地當上第一執政，法學家康巴塞雷斯（Cambaceres）和經濟學家勒布倫（Lebrun）接替西哀耶斯（Sieyes）和羅傑·杜科（Roger Ducos）擔任第二和第三執政。但他們實際上只是拿破崙的助手，一個從立法上幫助他，一個從財政上幫助他。執政府事實上就是拿破崙的獨裁政府。

拿破崙率軍越過大聖伯納德山口

　　1800年，拿破崙決定第二次遠征義大利。5月17日，在拉納（Lannes）將軍的率領下，法軍先頭部隊越過大聖伯納德山口，到達皮埃蒙特（Piedmont）境內的奧施塔（Aosta）。拿破崙本人於5月16日離開洛桑（Lausanne），在20日清晨開始上山。他穿著一件灰色的大衣，騎著一頭騾子，由一名嚮導在前面牽著，臉上顯得十分鎮靜和沉著。

貝多芬創作《英雄交響曲》

德國著名的音樂家貝多芬創作的《第三號交響曲》原本是獻給拿破崙的，但當他聽到拿破崙稱帝的消息後，便將這首交響曲改名為《英雄交響曲》。

希利奧波里斯戰役

法軍的埃及軍團在克萊貝爾的帶領下，1800年3月在希利奧波里斯（Heliopolis）給了土耳其軍一次嚴重的打擊，克萊貝爾元帥卻在開羅遇刺身亡。

[↑圖為希利奧波里斯戰役激戰的情景。]

* 1803年，俄國頒布《關於自由農民法令》，允許地主自由解放農奴。美國向法國購買路易斯安那（Louisiana）。法英戰爭又起，兩國斷絕外交關係。法與西再立新約，法迫使西班牙繳納鉅款，以對英作戰。德意志各邦代表集會達成總決議，一大批德意志小國被取消，分別併入普魯士、奧地利、符登堡（Wurttemberg）等邦。俄實施《國民教育預備章程》。印度爆發第二次馬拉地（Maratha）戰爭。

* 1804年，海地宣布獨立，成為世界上第一個取得獨立的黑人國家。拿破崙正式頒布《法國民法典》。法蘭西帝國成立，拿破崙為帝國皇帝，在巴黎聖母院舉行加冕典禮，稱拿破崙一世。俄與奧訂立反法密約。喬治亞併入俄國。美國國會通過新土地法。波斯遭俄國入侵，波斯軍隊屢戰失利。

德國偉大的天才詩人歌德

　　歌德（Goethe）是一名參議員的平庸兒子，也是德國偉大的天才；恩格斯（Friedrich Engels）曾如此評價他。在早期作品中，歌德猛烈地抨擊了德國的封建制度，以及表達他對民族統一的熱望。其後，他發表的《少年維特的煩惱》風靡了全歐洲，影響很大，很多年輕人模仿主人公的行為，甚至引發了全歐洲的「自殺熱潮」；他的《浮士德》也是世界名著之一。歌德一生豐富的愛情生活，成為他創作的源泉。

↑ 圖為特拉法爾加
海戰中的場面。

特拉法爾加海戰

　　拿破崙的陸軍威震歐陸，但是海軍卻一直是其弱點。1804年底，法國拉攏西班牙對英國宣戰。雙方的艦隊在特拉法爾加（Trafalgar）相遇，展開了一場激戰，英國贏得了海戰的勝利。這次勝利不僅把英國從拿破崙入侵的威脅中解脫出來，而且確立了英國的百年海上霸主地位。

拿破崙即位

　　1804年，在當上終身執政兩年後，拿破崙順理成章地當上了法蘭西的皇帝。12月2日中午時分，教宗上祭台，隆重的儀式持續很長一段時間，教宗正準備將皇冠戴在拿破崙的頭上，拿破崙卻伸手接過皇冠，自己戴在頭上；接著，他又拿起一頂小皇冠戴在妻子約瑟芬的頭上。瞬息之間一切事情都辦妥了。他扭頭對哥哥約瑟夫說：「約瑟夫，爸爸要是看見我們今天這個派頭，該有多好啊！」

＊1805年，法國將義大利改為義大利王國，拿破崙自兼國王。英、俄、奧及瑞結成第三次反法同
盟。法、西與英海軍在特拉法爾加海戰，法、西聯合艦隊大敗。拿破崙的法軍與沙皇亞歷山大
一世、奧皇法蘭西斯二世統率的俄、奧聯軍，在奧斯特利茨（Austerlitz）展開會戰（史稱「三
皇之戰」），俄、奧聯軍戰敗。法奧締結《普雷斯堡和約》（Peace of Pressburg），奧地利退
出第三次反法同盟，向法國割地賠款。俄國吞併北亞塞拜然諸汗國。

當甘公爵被處死

　　為了打擊波旁王朝的復辟勢力，拿破崙採取
了一系列措施。他把當甘公爵（Duc d'Enghien）
判處死刑，其實他明知當甘公爵沒有參與陰謀，
但他就是要透過波旁王室一位著名人物的鮮血來
為自己的被刺報復，並藉此表明與舊王朝決裂的
決心，為自己建立新王朝掃除障礙。

［↓拿破崙向
法國將軍們
授旗。］

［→圖為槍口
下的當甘公
爵。］

打敗俄軍的弗萊德蘭戰役

↑圖為法軍官
兵向拿破崙致
意。

　　1807年6月14日凌晨，法軍第五軍趕到弗萊德蘭
（Friedland）；這時，俄軍也已到達這裡，正準備渡
河。法軍元帥拉納立即命令部隊搶占有利地形，架好
火炮，進行射擊，戰鬥開始。一直到下午5時，每個法
軍士兵都咬緊牙關，堅持到生命的最後一分鐘。就在
此時，拿破崙率軍趕到了，疲憊不堪的拉納軍歡呼雀
躍起來。俄軍在這一天重蹈了7年前同一天奧軍在馬倫
戈的覆轍。

* 1806年，拿破崙滅亡了神聖羅馬帝國。10月，在耶拿－奧爾施泰特（Jena-Auerst dt）戰役中，法軍擊潰了普軍。奧皇法蘭西斯二世在拿破崙的壓力下，被迫取消神聖羅馬帝國的皇帝稱號，神聖羅馬帝國滅亡。法軍在耶拿戰役，大敗普軍。法軍攻占柏林。拿破崙頒布《柏林敕令》，封鎖不列顛群島，禁止歐洲大陸任何國家與英國通商。「大陸體系」成立。

* 1807年，普魯士－埃勞（Prussian-Eylau）戰役中，法、俄雙方不分勝負。英國宣布封鎖法國及其盟國的海岸。英國國會通過禁止販賣奴隸法。英軍攻占埃及亞歷山大港。法與俄、普分別簽訂《提爾斯特和約》（Treaty of Tilsit），俄退出反法同盟，普喪失二分之一領土，賠款1億法郎。美國工程師富爾頓（Robert Fulton）製成以蒸汽機為動力的新輪船「克萊蒙特號」，（Clermont）在哈里遜河上試航。

對抗拿破崙的俄國沙皇亞歷山大一世

俄皇亞歷山大早年與拿破崙作戰屢次失敗，不得不與對手議和。後來法俄再度交惡，1812年，拿破崙60萬大軍入侵俄國，亞歷山大一世帶領俄國軍民與強敵進行了殊死的搏鬥，最後贏得了勝利。

[↓圖為西班牙國王查理四世與他的全家人。]

西班牙國王查理四世

缺乏領導才能，是個意志薄弱的君主，1792年將政府委託戈多伊（Manuel de Godoy）管理。戈多伊憑著國王與皇后賦予他的無限權力，在國內為非作歹，無惡不作，人民紛紛起來反對戈多伊。

←圖為法軍
鎮壓西班牙
起義者。

法軍向西班牙人民開火

拿破崙將西班牙王位交予他的哥哥、那不勒斯國王約瑟夫，這一行徑大大激怒了西班牙人民。1808年5月2日，首都馬德里的民眾率先舉行起義，即著名的「五月事變」。3萬民眾湧上街頭向法軍示威。但很快被法軍的兩營步兵和一個禁衛軍騎兵團驅散，2000名西班牙平民死於非命。儘管這次起義被鎮壓，但它卻鼓舞全西班牙人民拿起武器，展開了反對法軍的游擊鬥爭，致使法軍幾乎每天每處都受到西班牙人的激烈報復。受人民英勇抗敵的感召，原效忠於國王的一些軍人也加入了反法鬥爭的行列。

→圖為一名威風凜凜的法
國龍騎兵，在他身後騎白
馬者為拿破崙。

- 1808年，拿破崙親率大軍進入西班牙馬德里，鎮壓人民運動。俄國與瑞典發生戰爭，瑞典戰敗。翌年瑞典求和，俄國得到芬蘭。
- 1809年，英國與奧地利組成第五次反法同盟。拿破崙將教宗領地併入法國，廢除教宗世俗政權。法奧兩軍在維也納附近多瑙河左岸進行阿斯佩恩－埃斯林會戰。
- 1810年，在墨西哥，伊達爾哥（Miguel Hidalgo）開始領導反對西班牙統治的鬥爭。智利爆發起義，推翻西班牙統治者，由地方領導人組成革命陣地，代替總督府。
- 1811年，俄國軍隊在魯蘇克（Ruschuk）戰役大敗土耳其軍隊，土軍投降。 普魯士在國境內實行自由貿易。

↑圖為拿破崙軍隊1809年攻占教宗國時，教士修女拚死抵抗的情景。在這一年，拿破崙將教宗領地併入法國，並廢除教宗世俗政權。

教宗國

　　教宗國，是羅馬教宗在756年到1870年間擁有主權的義大利中部領土。1000多年來，教宗國的領土範圍和教宗控制的程度並不一樣。當拿破崙麾下的法國軍隊在18世紀90年代末期占領義大利半島的時候，從教宗手中奪走教宗國，併入阿爾卑斯山南共和國和羅馬共和國；之後又併入義大利王國和法蘭西帝國。1870年，法國軍隊撤離羅馬後，教宗所剩的羅馬周圍的一片領地被義大利軍隊占領，羅馬成為義大利的首都。此後歷代教宗都不承認捨棄自己的世俗權力。直至1929年，根據條約，建立一個獨立的梵蒂岡城市國家，教宗與義大利國家的關係問題得到最終解決。

↑圖為在阿斯佩恩－埃斯林戰役中與拿破崙大軍展開激戰的奧地利官兵。

拿破崙首遭敗績的阿斯佩恩－埃斯林戰役

在1809年的阿斯佩恩－埃斯林（Aspern-Essling）戰役中，奧軍在查理大公的率領下，與拿破崙大軍展開激戰，法奧雙方都遭受了慘重損失，但法軍傷亡更大。他們的損失人數超過44000人，其中還包括拿破崙最英勇善戰的元帥拉納；奧軍傷亡共23000人。阿斯佩恩－埃斯林戰役是拿破崙平生遭受的第一次真正的失敗。

博羅季諾會戰

1812年，拿破崙開遠征始俄國。然而俄國並不是義大利、埃及、群龍無首的德意志，也不是西班牙和奧地利。9月，法俄兩軍在博羅季諾（Borodino）展開會戰。一天激烈的戰鬥終於結束了，法軍獲得「慘勝」。拿破崙很清楚：他的大軍未能給俄軍主力以殲滅性的打擊，戰略任務遠未完成。事後，他無限感慨地說：「博羅季諾一戰，法軍表現出最大的勇氣，卻獲得了最小的勝利。」

↑圖為博羅季諾會戰激戰之後的慘景。

- 1812年，拿破崙率50萬大軍侵入俄國。 法軍占領斯摩稜斯克（Smolensk）。在博羅季諾會戰中，拿破崙率軍攻下馬格拉季昂稜堡。10月法軍進入莫斯科。俄軍實行焦土政策，法軍被迫撤離莫斯科。 11月法軍撤離別列金納河（Berezina）不久，遭到慘敗。拿破崙逃出俄國。
- 1812年6月18日，第二次美英戰爭爆發。
- 1813年，英國、瑞典、西班牙、葡萄牙加入第六次反法同盟。 在北美，泰晤士（Thames）戰役中，美將哈利遜（William Henry Harrison）率軍擊敗了英聯軍。在南美，西蒙・玻利瓦爾（Simon Bolivar）率軍與西班牙殖民軍，在瓦倫西亞（Valencia）決戰，西軍慘敗，玻利瓦爾進入委內瑞拉首府加拉加斯（Caracas）。玻利瓦爾被任命為愛國軍統帥，並授予「解放者」稱號。萊比錫戰役，法軍大敗，拿破崙撤回萊茵河西岸。反法聯軍進入法國。
- 1814年9月，美五大湖區艦隊司令麥克多諾指揮的艦隊與英軍交戰，取得大捷。 拿破崙被迫宣布退位，被聯軍放逐到厄爾巴島（Elba），拿破崙帝國垮臺。 路易十六之弟普羅旺斯伯爵回到巴黎登基，稱路易十八。波旁王朝復辟。英國工人史蒂芬生（George Stephenson）製成第一台蒸汽機車。

征俄慘敗

↑圖為法軍焚燒已經不復存在的部隊軍旗。

　　部隊的大量減員使拿破崙不得不燒掉一些已經不存在的部隊軍旗，此時的拿破崙正呆呆地望著那一面面被燒掉的旗幟，其心境可想而知。那支曾經使整個歐洲都為之驚顫的大軍，事實上已經不存在了。就在幾個月前，他們看上去還是那麼強大和不可戰勝。

挪威獲得獨立

　　由於拿破崙在戰爭中失敗，與其結盟的丹麥也遭瓜分，挪威因此脫離丹麥獲得獨立。1814年5月17日挪威臨時行政委員會在埃茲沃爾（Eidsvoll）召開國民議會，通過憲法，宣布挪威為獨立的君主國，實行君主立憲制。然而獨立並未實現，丹麥在同年簽署的《基爾和約》（Treaty of Kiel）中將挪威割讓給瑞典。瑞典強迫挪威接受瑞典－挪威聯盟，允許挪威對內享有自治權。

↓圖為挪威臨時行政委員會在埃茲沃爾召開國民議會時的情景。

* 1815年，拿破崙離開厄爾巴島，躲開監視的英國艦隊，向法國本土進發。拿破崙重返巴黎，開始建立「百日政權」。英、法、俄、普、奧、西、葡、瑞典等國簽署《維也納宣言》，宣布瑞士永久中立，並確定了瑞士版圖。諸國組成第七次反法同盟。滑鐵盧戰役，法軍大敗，拿破崙再次被迫宣布退位，被流放到聖赫勒拿島。俄、普、奧締結「神聖同盟」。

* 1816年，玻利瓦爾頒布解放黑奴法令。德意志同盟在法蘭克福召開第一屆會議。 普魯士取消一切關稅限制。黑格爾的《邏輯學》一書出版。

維也納和會

　　1814年11月，戰勝拿破崙的歐洲四大強國俄、英、奧、普在維也納討論歐洲善後問題。維也納會議的四強形成了兩個對立陣營，俄普為一方，英奧為另一方。法國代表塔列蘭（Talleyrand）權衡利弊，決定加入英奧一方。他們一邊舉杯痛飲，慶祝太平，一邊又為戰利品的分配不均而爭吵不休，甚至達到了劍拔弩張的地步。

↑圖為維也納和會會場。

↓圖為在滑鐵盧戰役中，英國騎兵向法軍陣地發起猛烈的攻擊。

拿破崙兵敗滑鐵盧

　　1815年6月，橫掃歐洲不可一世的拿破崙，面對了他一生中最大的失敗──滑鐵盧戰役。滑鐵盧的失敗，不僅僅是軍事上的原因，而且是拿破崙樹敵過多、不斷擴張政策的失敗。

拿破崙被放逐

　　1815年6月，滑鐵盧戰役失敗後，拿破崙回到巴黎，為避免法國發生內戰，自行宣布退位。7月，拿破崙離開法國，被放逐於南大西洋的聖赫勒拿島（St. Helena）。6年後，這位影響了歐洲和世界的英雄級人物死於這座孤島之上。

↓圖為站立在英國軍艦「貝列洛風號」（Bellerophon）上的拿破崙。

奧地利暫時度過危機

　　拿破崙戰爭結束了，戰爭中飽受挫折的歐洲大國奧地利，在戰爭後期逐漸恢復了大國的自信，這種自信大部分是來自談判桌上而不是戰場上。圖為1815年歐洲戰場上的奧地利軍官和他們的軍隊。

- 1817年，聖馬丁（St. Martin）帶領他的遠征軍開始了翻越安地斯山的壯舉，向智利進發。塞爾維亞公國成立，米洛斯（Milos）被推舉為世襲大公。
- 1817年至1818年，智利的獨立軍在查卡布科（Chacabuco）擊敗西班牙軍，獲得獨立。
- 1818年，英國殖民統治者打敗印度馬拉地諸侯，占領印度大部分領土。
- 1820年，義大利爆發「燒炭黨」領導的革命。
- 1821年，祕魯獨立。1821年至1829年，希臘為擺脫鄂圖曼統治，進行獨立戰爭。
- 1823年，瓜地馬拉、薩爾瓦多、尼加拉瓜、宏都拉斯和哥斯大黎加聯合組成中美聯邦，發表獨立宣言。美國總統門羅在國情咨文中發表對華政策聲明（即「門羅宣言」）。

希臘獨立戰爭

　　1821年，鄂圖曼土耳其帝國境內的希臘人爆發起義，1822年1月起義者宣布希臘獨立。起義遭到鄂圖曼土耳其軍隊的殘酷鎮壓，戰爭持續了十一年，1832年，在歐洲列強的壓力下，鄂圖曼土耳其帝國被迫接受希臘獨立，在1832年的《君士坦丁堡條約》中，土耳其蘇丹承認希臘的獨立。希臘獨立戰爭受到歐洲各國人民的廣泛同情，法國浪漫派畫家德拉克洛瓦創作了多幅反映希臘獨立戰爭的作品，《巧斯島的屠殺》是其中最富盛名的一幅。這幅畫因其過分的血腥場面在官方沙龍中備受爭議。

希臘獨立運動領導人博察里斯

　　博察里斯（Markos Botzaris）是19世紀初希臘獨立戰爭初期的重要領導人。他投身於1821年4月爆發的爭取希臘獨立的鬥爭，1822年至1823年在米索朗基（Missolonghi）保衛戰中獲勝。1823年8月21日夜晚率領數百名希臘人的游擊隊，大膽襲擊駐紮在卡爾派尼西（Karpenisi）的4000名阿爾巴尼亞兵。阿爾巴尼亞兵被擊潰，但他也在戰場上犧牲。

美國驅趕印第安人

　　1830年5月，美國國會經過漫長的討論，通過了《印第安人遷移法案》，要求印第安人離開人口稠密的地區，向西遷移。對當時的總統傑克遜來說，這標誌著他個人的勝利，他從來不隱瞞將印第安人驅趕到西部的想法。他曾對一個印第安部落首領說：「你們可以自食其力，只要在你們的土地上種草。」

* 1824年，墨西哥頒布聯邦憲法，宣布墨西哥為共和國。12月，拉美聯軍與西班牙人在阿亞庫巧（Ayacucho）進行一次大決戰，拉丁美洲從此獨立。
* 1824年至1826年，第一次英國、緬甸戰爭爆發。
* 1825年，俄國十二月黨人在彼得堡發動起義。英國建成世界上第一條鐵路。
* 1825年至1830年，爪哇人民發動反對荷蘭的起義。
* 1826年至1828年，伊朗的卡札爾王朝（Kajar）和俄國作戰。
* 1827年，英、法、俄三國海軍在那瓦里諾（Navarino）戰役，大敗土軍。
* 1828年，俄國對土耳其宣戰。德意志成立南德關稅同盟和中德商業同盟。
* 1830年，法國巴黎爆發革命（七月革命）。波蘭全面爆發反俄運動。

梅杜薩之筏

　　1816年，航船《梅杜薩》號在西非海岸沉沒，約150名船員擠在木筏上，在隨後異常艱難的海上漂泊過程中僅15人生存下來。畫家傑利訶（Theodore Gericault）根據這一事件創作了此作品，它象徵著浪漫派的誕生。

火車來了！

　　1815年，英國發明家史蒂芬生改進了蒸汽機車，1825年，他主持設計的世界第一條鐵路竣工。同年9月，史蒂芬生親自駕駛著新設計完成、當時最先進的蒸汽機車跑完了50公里的全程，震撼了世界。1830年，由他設計籌建利物浦到曼徹斯特的鐵路通車。這象徵著人類運輸揭開了新的一頁。

[↓圖為當時的車站一角。]

↑圖為反映了當時起義情況的名畫《自由領導人民》。

法國爆發七月革命

1830年7月，查理十世以法國國王名義頒布了六條特別法令，公然違反「憲章」原則，剝奪人民的投票權。當天，法國人民就走上街頭舉行示威，表達抗議，之後又發展為起義。巴黎聖母院的塔上升起了象徵著自由的三色旗，起義者還占領了羅浮宮和杜伊勒利宮。起義取得勝利後，「七月王朝」建立。

俄國詩人普希金

普希金（Aleksandr Pushkin）是俄羅斯19世紀初的偉大作家、詩人、規範俄語的奠基者。他用7年時間完成的代表作《葉甫根尼·奧涅金》，是俄國現實主義文學的奠基作品，成功地塑造了覺醒後找不到出路的知識分子形象。普希金死於決鬥中，年僅38歲。

* 1831年，義大利馬志尼（Giuseppe Mazzini）在法國馬賽創立青年義大利黨。第一次埃及與土耳其戰爭。
* 1832年，在阿爾及利亞，阿卜杜·卡德爾（Abd-el-Kader）指揮反法抵抗運動。
* 1833年，土耳其蘇丹請求俄國出兵協助平定阿里叛亂。
* 1834年，以普魯士為首組成德意志關稅同盟。法國里昂紡織工人舉行第二次起義，提出爭取民主共和國的口號。
* 1836年，英國成立了以威廉·洛維特（William Lovett）為首的「倫敦工人協會」。德意志革命者在巴黎成立「正義者同盟」。
* 1837年，俄國開始實行國家農奴管理制度改革。
* 1838年，英國發動第一次對阿富汗戰爭。
* 1839年，英國伯明罕爆發工人起義。

華沙人民起義反俄

　　1830年7月巴黎發生革命後，俄國沙皇尼古拉一世（Nichlas I）擬派波蘭軍隊前去鎮壓。在這危急關頭，華沙工人、手工業者和小商人舉行起義。1831年1月13日，起義者迫使國會宣布波蘭獨立。接著，俄軍以重兵攻打華沙，華沙陷落，歷時11個月的波蘭民族大起義失敗。

波蘭音樂家蕭邦

　　蕭邦是19世紀前期波蘭偉大的音樂家，1831年波蘭華沙起義失敗後，他定居巴黎。他憎恨沙俄對華沙的統治和壓迫，他的作品反映出對飽經患難祖國的懷念和憂傷。他卓越的才華、創作以及精湛的技巧令世人折服。他因患肺結核，於1849年客死於巴黎，年僅38歲。

詩人雪萊在海難中喪生

　　這是一幅充滿悲情的浪漫主義繪畫，拜倫、愛德華·特勞尼和雷恩·亨特等人，靜候著詩人雪萊的遺體伴隨著滾滾煙霧消失在烈焰之中。1822年7月1日，詩人雪萊在海難事故中喪生，當人們在海灘上發現詩人和兩位同行者時，已是20天後的事情了，詩人的遺體已腐爛。朋友們把他的遺體焚化了，但把心臟放在酒裡保存了下來。

19世紀的歐洲工業

　　19世紀中期歐洲鋼鐵產量提高，勞動工人的數量在城市中大幅提升。

[←圖為英國鋼鐵工廠的工人。]

→* 1839至1843年，第一次阿富汗戰爭，英軍大敗。

→* 1840年，英國發行世界上第一張郵票。1840至1842年，英國對中國發動侵略戰爭，史稱「鴉片戰爭」。

→* 1842年，俄國頒布義務農民法。英國曼徹斯特爆發工人總罷工，約克郡等地工人也跟進。馬克斯出任《萊茵報》主編。

→* 1843年，英國從波爾人（Boer）手裡奪走納塔爾共和國（Natal），使之成為英國殖民地。

→* 1844年，德國西利西亞爆發紡織工人起義。馬克斯與恩格斯第一次在巴黎相遇。

→* 1845年，美國併吞德克薩斯。

→* 1846年，美國與英國訂立條約，解決西北疆界糾紛，美國獲得俄勒岡地區。

→* 1846至1848年，美國與墨西哥戰爭爆發，美國獲得加利福尼亞和新墨西哥。

美國以武力逼使日本開國

　　直到19世紀中期，日本還是個閉關自守的封建國家。1853年4月，美國東印度艦隊司令官培利（Matthew Calbraith Perry）乘密西西比號（Mississippi）軍艦到了琉球，強行建立軍事基地。7月，培利率領四艘特遣艦駛進了日本江戶灣，以武力威逼迫使日本接受美國國書。次年2月，美國再度脅迫日本締結《日美親善條約》。條約規定：日本向美國開放兩個港口，准許美國船艦停泊，給予美國最惠國待遇等等。

［↓圖為開入日本港口的列強軍艦。］

加利福尼亞納入美國版圖

19世紀20年代以後，美國向西部移民的數量激增，有的移民還武裝起來與墨西哥政府不斷發生糾紛，陸續侵吞了墨西哥的大片領土。1846年，美墨戰爭爆發；1848年，美國獲勝。墨西哥割讓了230萬平方公里的國土，包括加利福尼亞、內華達。美國從此獲得在美洲的主宰地位。

《共產黨宣言》發表

1848年，馬克思、恩格斯合著的《共產黨宣言》在倫敦發表，它標誌著馬克思主義的誕生，提出了從資產階級民主革命向社會主義革命轉變的思想。《共產黨宣言》最後號召「全世界無產者，聯合起來！」馬克思主義的誕生是人類思想史上一次重要革命。在《共產黨宣言》影響下，德國、奧地利、匈牙利、義大利等地相繼爆發革命，震驚了歐洲的統治者。

→圖為1848年革命時期的義大利。

* 1847年2月，墨軍與美軍在布埃納維斯塔（Buena Vista）激戰中失利。美軍實施對維拉克魯斯（Veracrus）的兩棲登陸後，開始圍攻，此役被稱為「19世紀最成功的兩棲登陸作戰」。
* 1848年，法國臨時政府在群眾壓力下，宣布成立法蘭西第二共和國。《共產黨宣言》在倫敦發表，國際共產主義運動開始。奧地利首都維也納人民起義，奧皇讓步，允諾實行憲政。
* 1848年，匈牙利革命勝利，成立巴蒂安尼（Batthyany）內閣。柏林市民武裝起義開始。義大利米蘭爆發反奧武裝起義。印度爆發第二次錫克（Sikh）戰爭。
* 1848年，奧皇對匈牙利宣戰。英國在澳洲發現金礦，翌年進行開採。英法間開始鋪設海底電纜，翌年啟用。丹麥與德意志為爭奪石勒蘇益格與荷爾斯泰因，發生軍事衝突。7月，普奧與丹麥戰爭爆發。

俄土戰爭爆發

　　一度稱霸歐洲的鄂圖曼土耳其帝國，到19世紀上半期已四分五裂，名存實亡；這為覬覦已久的歐洲列強大開了爭奪的方便之門。1853年，俄國沙皇要求土耳其政府承認沙俄對蘇丹統治下的東正教臣民有特別保護權；土耳其拒絕了俄國的最後通牒，俄國遂與土耳其斷交，並派兵進駐摩爾達維亞（Moldavia）和瓦拉幾亞（Walachia）這兩個多瑙河公國，戰爭爆發。俄土戰爭拉開了俄國與英、法等國正奪近東統治權的克里米亞戰爭序幕。

大仲馬

　　大仲馬是19世紀初法國浪漫主義文學的明星。1844年，他開始在報紙上發表《基督山恩仇記》，作為一本消遣性的通俗小說，它臻於完美，受到廣大讀者的歡迎。

←圖為大仲馬另一部膾炙人口的小說《三個火槍手》的插圖。

匈牙利的愛國詩人裴多菲鼓動革命

　　1848年3月15日，當革命的消息傳來時，匈牙利愛國詩人裴多菲（Petofi Sandor），在佩斯（Pest，今是匈牙利首都布達佩斯的一部分）一個小咖啡館朗誦了他的《民族之歌》。佩斯人民高唱著這首歌舉行大遊行，包圍了市政廳。

←圖為被廢黜的法國國王路易·菲利浦和他的衛士。

1848年法國革命

　　1848年2月，巴黎市民舉行大規模示威遊行，占領了所有的兵營和武器庫，並向杜伊勒利宮進攻；國王路易·菲利浦（Louis Philippe）逃往英國，法蘭西第二共和國成立。由於臨時政府轉而迫害原來參加示威的群眾，巴黎在6月又發生起義，但被鎮壓。11月，路易·拿破崙·波拿巴當選總統。

* 1848至1870年，義大利發生獨立戰爭。
* 1849年，馬志尼（Giuseppe Mazzini）宣布羅馬共和國（Roman Republic）成立。匈牙利革命軍戰敗，佩斯失陷。
* 1851年，美國海軍准將培利與日本簽定商約。法國總統路易‧波拿巴（Louis Bonaparte）發動政變。
* 1851至1864年，中國發生太平天國之亂。
* 1852年，英國占領緬甸南部。義大利加富爾出任撒丁王國首相。法國路易‧波拿巴改法蘭西為帝國，自任皇帝，稱拿破崙三世。
* 1853年，俄國黑海艦隊在西諾帕灣（Sinop）擊敗土耳其艦隊。克里米亞戰爭爆發。

馬克思

　　馬克思主義的創始人，國際共產主義運動的奠基者。他建立了唯物主義和辯證法高度統一、辯證唯物主義自然觀和歷史觀高度統一的科學體系，以及科學共產主義理論、馬克思主義政治經濟學體系，組織領導第一國際。於1883年去世。

梅特涅外逃

　　在法國二月革命的影響下，1848年3月奧地利首都維也納爆發了革命。在強大壓力下，對許多事物負有不可推卸的責任的奧地利首相、歐洲老牌外交家梅特涅（Klemens Metternich）被迫辭職，逃亡英國。

非洲被歐洲列強瓜分

　　19世紀的最後25年，歐洲列強加強了對非洲的侵略，一個接一個獲得殖民地。這些工業化國家覬覦非洲大陸的資源，憑強大武力瓜分了非洲。到1900年，非洲大陸幾乎全部成了歐洲列強的殖民地。

[←圖為殖民
者在非洲。]

普奧對丹麥的戰爭

　　石勒蘇益格（Schleswig）和荷爾斯泰因（Holstein）本是受丹麥保護的兩個公國，由於受德意志民族主義的影響和普魯士的直接干涉，1848年爆發了起義，要求脫離丹麥加入德意志聯邦。經過3年戰爭，普魯士停止向石勒蘇益格進軍，丹麥勉強獲勝，保住了這兩個公國。

　　這幅畫表現的就是這場戰爭中的伊斯特德（Isted）戰役，該戰役發生在1850年7月25日。1864年，丹麥被迫放棄在石勒蘇益格、荷爾斯泰因和勞恩堡（Lauenburg）的領土，同意這些地區由普奧兩國共管。

* 1854年，英法聯軍占領瓦爾那（Varna），迫使俄軍退出多瑙河兩公國。英與法、奧簽訂《維也納條約》，共同抗俄。
* 1855年，瑞典與英、法、土結成反俄同盟。
* 1856年10月，波斯入侵阿富汗，英國向波斯宣戰，開始英波戰爭。
* 1857年，印度爆發反英民族大起義，席捲北印度全境及中印度大部分。德國鋼鐵工業中組成第一個辛迪加（syndicate，指企業、財團）。美國爆發經濟危機。

加富爾

　　1852年，42歲的加富爾（Conte Cavour）出任撒丁王國首相，他進行了一系列軍政改革，廣獲好評。他還想用王朝戰爭的方式統一義大利。1860年，義大利民族英雄加里波底（Giuseppe Garibaldi）率領「紅衫軍」在亞平寧半島登陸，準備進軍羅馬。加富爾為了把此運動納入撒丁王國統一義大利的軌道上，作了相當的努力。次年，在著手與教宗討論統一教宗國時，他突然去世。

拿破崙三世建立法蘭西第二帝國

　　路易・波拿巴在1851年12月2日——拿破崙一世加冕紀念日，發動了軍事政變。巴黎貼滿了總統布告：宣布巴黎戒嚴，解散意會，恢復普選。1852年1月頒布新憲法，總統任期改為10年。同年12月2日，宣布恢復帝制，路易・波拿巴稱帝，為拿破崙三世，法蘭西第二帝國成立。

[↓圖為拿破崙三世接受亞洲國家使臣的觀見。]

↑圖為克里米亞戰爭中，疲憊不堪的英軍士兵。

←圖為即將開赴克里米亞戰場的英國士兵與親人惜別的場景。

南丁格爾護理制度在克里米亞戰爭中誕生

在克里米亞戰爭中，英國女護士南丁格爾負前線護理傷患，使傷病員死亡率下降，由此改善了戰場醫療，南丁格爾護理制度也因此誕生。

* 1858年，日本彥根藩主井伊直弼任大老，搜捕異己，史稱「安政大獄」。拿破崙三世與加富爾會晤，共商抗奧事宜。
* 1859年，美國爆發約翰‧布朗（John Brown）起義，將廢奴運動推向高潮。6月，為了把奧軍趕出義大利，法國－撒丁聯軍與奧軍展開索爾菲里諾（Solferino）戰役。8月，義軍在卡拉布里亞（Calabria）登陸，20日發起勒佐（Reggio）之戰。
* 1859年，美國向俄國購買阿拉斯加。
* 1860年，西西里島爆發起義。加里波底率「千人紅衫軍」攻佔西西里島。1960至1870年，紐西蘭發生第一次毛利戰爭。

美國罷工

　　1857年，美國爆發了嚴重的經濟危機，並且很快蔓延到西歐國家。它使很多勞動者的生活狀況惡化，導致遊行、罷工不斷。

拿破崙三世出兵干預義大利獨立運動

　　1866年，當義大利獨立戰爭進行得如火如荼之際，法皇拿破崙三世為阻止加里波底進攻羅馬，派遠征軍進駐羅馬；加里波底率領的義軍遭到法軍和教宗軍隊狙擊。由於法軍裝備新式步槍，火力密集，加里波底遭受重創，進軍羅馬受阻。直到1870年，普法戰爭爆發後，拿破崙三世被迫撤回駐羅馬法軍，義大利王國政府不再擔心法國的干涉，才奪占了羅馬。

加里波底

　　他是義大利獨立運動中的傳奇英雄，早期曾受義大利愛國志士馬志尼的影響。1859年，撒丁首相加富爾邀他招募軍隊，對奧地利作戰，他欣然受命。後來，加富爾將尼斯（Nice）割讓給法國，他憤然辭職。加里波底是義大利民族解放運動的象徵，對義大利獨立有卓越貢獻。

美國總統林肯

　　1860年11月，美國北方共和黨候選人亞伯拉罕・林肯（Abraham Lincoln）當選第16任總統。他於次年5月頒布了《宅地法》（Homestead Act），同年9月24日發表了《黑奴解放宣言》，大幅調動全國各階層、尤其是廣大農民和黑人奴隸參軍，支持北方的政治熱情。此外，林肯政府還實行了諸如鎮壓反革命、武裝黑人、調整軍事領導機構、實行累進所得稅等革命性措施，為最後戰勝南方奠定了基礎。林肯對成功結束美國內戰有重要貢獻。1865年，林肯遭到暗殺身亡。

* 1861年，美國共和黨林肯當選總統。南卡羅萊納州首先退出聯邦。南部聯盟不宣而戰，南北戰爭爆發。普魯士國王威廉四世（Frederick William IV）去世，「砲彈親王」即位，稱威廉一世。
* 1862年，法國開始占領印度支那。國會通過《宅地法》。聯邦政府與英國訂立禁止奴隸貿易條例。南北雙方軍隊在里士滿（Richmond）城下激戰，方軍大敗，退守華盛頓。英國倫敦舉行世界博覽會。
* 1863年，美國總統林肯正式發表《黑奴解放宣言》。聯邦政府通過兵役法。英國倫敦第一條地下鐵路通車。

↑圖為19世紀德國著名畫家門采爾（Adolf wvon Menzel）筆下的德國製鐵工廠。

德國製鐵工廠

1870年，德國的工商業迅速崛起，魯爾（Ruhr）工業區是德國工業最集中的地方。座落在魯爾的愛森工廠（Essen），是歐洲也是世界最大的製鐵工廠，工人數量達到驚人的8萬人之譜。

「鐵血宰相」俾斯麥

俾斯麥（Otto von Bismarck）1815年4月出生於普魯士一個貴族家庭，是一個崇尚武力的狂熱分子，被稱為「鐵血宰相」。在其執政期間，先後贏得了丹麥戰爭、普奧戰爭和普法戰爭的勝利。在1871年普法戰爭大獲全勝後，普魯士軍隊開進巴黎附近的凡爾賽，並在凡爾賽宮宣布以普魯士為首的德意志帝國成立。普魯士國王威廉一世為德意志帝國皇帝，俾斯麥為宰相，德意志的統一完全實現。

馬克西米連大公入主墨西哥

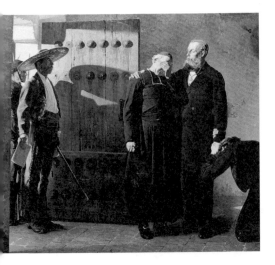

1862年，拿破崙三世出兵墨西哥，想把墨西哥變為法國殖民地。法國把自己的傀儡、原奧地利大公馬克西米連（Maximilian）扶上皇帝寶座。1864年6月，馬克西米連即位加冕，遭到墨西哥人民的強烈反抗。1865年，美國在內戰結束後也強烈要求法軍撤走。1867年，法軍被迫撤走，馬克西米連最後也投降，遭到處決。

←圖為墨西哥「皇帝」馬克西米連被處死之前的情景。

美國聯邦軍攻克新奧爾良

美國內戰中的1862年4月6日，美聯邦軍在夏洛（Shiloh）與約翰斯頓（Albert Sidney Johnston）指揮的南軍遭遇。經過兩天激戰，雙方各損失1萬餘人。巴特勒（Benjamin Butler）指揮的聯邦軍在法拉格特（David G. Farragut）艦隊協同下，攻克南方戰略要地——密西西比河口的新奧爾良。

* 1864年，美國召開全國有色人種代表大會，提出黑人選舉權要求。
* 1865年，俄軍占領塔什干（Tashkent）。浩罕汗國（Khokand）併入俄國。美國「三K黨」在南方橫行。
* 1865年至1868年，南非奧蘭治自由國（Orange Free State）與班圖語族（Bantu-speaking）發生戰爭。
* 1866年，義大利與普魯士簽訂同盟條約。義對奧作戰。加里波底再率志願軍對奧作戰，多次取勝。普奧兩軍在薩多瓦村決戰，普軍獲勝。威尼斯投票表決歸屬義大利。石勒蘇益格－荷爾斯泰因與普魯士合併。

普奧戰爭

　　1866年，普魯士和奧地利為爭奪德意志領導權而進行了一場王朝戰爭。最初，整個戰爭行動在南、西、北三個戰場同時展開；最後，爆發了一場歐洲近代史上前所未有的大會戰——薩多瓦（Sadowa）決戰，以普軍的勝利而告終。戰後，奧地利完全退出舊的德意志聯邦。普魯士贏得對奧戰爭的勝利，是其統一德國的關鍵，改變了德意志的內部面貌。

莫內繪成印象派名作《印象‧日出》

19世紀後半期，法國興起了一個重要畫派——印象派，莫內（Claude Monet）是其代表人物。他在1874年所繪製的《印象‧日出》，表現的是日出時透過晨霧觀看太陽初升的瞬間印象，在繪畫技巧上作出了重大的革新和突破。

法國自然主義作家左拉

左拉（Emile Zola）是19世紀中後期法國自然主義文學的奠基人，生前身後，備受爭議。他曾在1864年寫了一部自傳體小說《克洛特的懺悔》，因內容涉嫌淫穢，引起警方注意。他力圖從科學的哲學觀點去全面解釋人生，並付諸實踐。他研究酗酒問題的小說《酒店》，使他一舉成名。他的代表作《魯貢瑪卡家族》，被認為是拿破崙三世上台到普法戰爭這一段期間法國社會生活各方面的寫照。

* 1867年，日本明治天皇即位。北德意志聯邦成立。奧地利與匈牙利組成二元帝國，允許匈牙利
有獨立議會和內閣。克羅西亞再度併入匈牙利。
* 1869年，美國第一條橫越大陸的鐵路通車。
* 1870年，法國向普魯士宣戰，普法戰爭開始。法國色當失守，拿破崙三世被俘。巴黎爆發革命
，推翻法蘭西第二帝國，恢復共和，組成臨時政府。羅馬投票表決歸屬義大利。

日本的明治維新

　　明治維新是日本歷史上一次非常重要的改革，開始於1871年。它推翻了德川幕府的長期統治，使權力重歸於天皇，並以「富國強兵」為口號，在政治上、經濟上、軍事上實行了非常重大的改革，促進了日本的現代化和西化，也使日本迅速走上了軍國主義道路。

［←圖為明治天皇。］　　　　［↓1863年的波蘭人民起義。］

拿破崙三世被俘

　　普法戰爭的色當（Sedan）戰役結束了，拿破崙三世否決了將軍們背水一戰的提議，打著白旗離開了色當城，去向普魯士國王威廉一世投降。

←圖為普法戰爭中的法國皇帝和他的元帥乘坐在馬車裡，被普軍押下戰場。

匈牙利音樂家李斯特

　　李斯特是19世紀天才的匈牙利音樂家。他很熱愛祖國，創建了布達佩斯國立音樂學院，並擔任院長。李斯特創作活動中進步的民主主義傾向，與匈牙利的民族解放運動有相當大的聯繫。鋼琴曲《匈牙利狂想曲》是和李斯特的名字分不開的，正如圓舞曲和史特勞斯、交響曲與貝多芬的名字分不開一樣，已被列入世界古典鋼琴曲的文獻寶庫。

↑圖為義大利國王維多‧伊曼紐二世（Victor Emmanuel II）。

義大利獨立

　　1870年7月，普法戰爭爆發，拿破崙三世被迫撤回駐羅馬法軍。9月2日，法軍在色當之戰中大敗，拿破崙三世成為階下囚。義大利王國政府不再擔心法國的干涉，遂派6萬大軍日夜兼程，想趕在加里波底之前奪占羅馬。9月20日，政府軍和加里波底同時開進羅馬城。羅馬教宗庇護九世下令停止抵抗，避居梵蒂岡。至此，義大利統一大業終於完成。1871年1月，義大利王國首都由佛羅倫斯遷至羅馬。1848～1870年的獨立戰爭終於獲得了勝利，使義大利擺脫長期受外族壓迫和分裂割據的局面，為資本主義的發展掃除了障礙，大大推動了歷史的進步。

加拿大成為英國的自治領地

　　1840年，加拿大殖民地聯合，英語區和法語區統一了，但居民之間很不融洽。而雙方又都害怕美國的入侵，希望擁有一個力量強大的政府。1867年，加拿大成為大英帝國當中有自治政府的自治領地。最初由4個州組成，到了1905年，吸收了今天的大部分地區。

←圖為向美洲移民的英國人。

機關槍——普法戰爭中的神祕武器

　　普法戰爭期間，法軍裝備了世界上最早的機關槍，但法軍卻錯誤地將它當作大炮使用，再加上易壞和大多數法軍士兵不會使用等因素，因而在戰場上並沒有發揮出很好的效果。

→圖為普法兩軍激戰的情景。

普法戰爭中的色當會戰

1870年，9月1日至2日，普法兩軍在色當進行了會戰，這次會戰對戰爭進程具有決定意義。9月1日上午，普軍第三軍團切斷了法軍西撤的通路，進而插到法軍側後的聖芒若和弗雷涅一帶，堵住了法軍向比利時撤退的通路。當天中午，普軍完成了對夏龍軍團的合圍，並開始進行猛烈的炮擊。下午，法軍數次突圍失敗，拿破崙三世自知已無力挽回敗局，便於下午4點半下令掛起白旗。9月2日，拿破崙三世率8萬多名官兵向普軍投降。

這場會戰中，法軍共損失12萬4000人，其中僅3000餘人逃到比利時；普軍損失近9000人。色當慘敗加速了拿破崙三世帝國的崩潰。

↓圖為普法戰爭中的法國騎兵，在他身後（畫的左邊）指揮作戰的是拿破崙三世。

↑圖為在三色旗的感召下，巴黎人民英勇抗敵。

普法戰爭結束

　　1871年1月26日，巴黎守軍最後一次出擊，試圖衝破普軍包圍線，但是被擊退。1月28日，巴黎政府投降。雙方簽定了和約，結束了戰爭。

* 1872年，英國與阿散蒂聯邦為爭奪黃金海岸貿易站發生阿散蒂戰爭。德、俄、奧三國在柏林成立「三皇同盟」。
* 1873年，日本頒布徵兵令。
* 1874年，俄國實施普遍義務兵役制。民粹派推行到「到民間去」運動。
* 1875年，法國國民大會通過法蘭西第三共和國憲法。德意志帝國銀行成立。波士尼亞（Bosnia）和赫塞哥維納（Herzegovina）爆發反土耳其起義。埃及出賣蘇伊士運河股票。

[↑圖為威廉一世
就任德意志帝國
皇位。]

[↑凱旋的威廉一世回到柏
林，受到了德國人熱烈歡
迎。當時的德意志民族主義
情緒空前高漲。]

統一的德意志帝國成立

　　1871年，普魯士國王威廉一世在法國的凡爾賽宣告德意志帝國成立，並自立為皇帝，他的「鐵血宰相」俾斯麥也如願以償地成為帝國的首任宰相。統一的德意志帝國成立後，對後來的歐洲產生了巨大的影響。

達爾文與演化論

達爾文是英國博物學家，演化論的奠基人。他既出類拔萃又平凡，因為他「所學到的任何有價值的東西，皆由自學中得來。」

1809年2月，達爾文出生於英國的一個醫生家庭。曾經學醫，後來進入劍橋大學學習神學。畢業後，以學者身分乘海軍勘探船「小獵犬號」（Beagle）作歷時5年的環球旅行，觀察和搜集了動物、植物和地質等方面的大量材料，經過歸納整理和綜合分析，形成了生物演化的概念。

他在1859年出版了《物種源起》一書，全面提出以「物競天擇」為基礎的演化學說。該書震動了當時的學術界，成為生物學史上的一個轉捩點，對當時居於正統地位的神造論提出根本性的挑戰。其後又發表了許多重要著作，進一步充實了演化學說的內容。

普法戰爭中陣亡的畫家巴吉爾

  19世紀60年代，法國巴黎一群富有思想的年輕畫家，不再受題材選擇的束縛，以光影為主題在戶外直接面對大自然寫生。這在當時是件了不起的事情，它對於解放人們的思想具有重大的意義。這一流派奠定了現代藝術的基礎。畫家巴吉爾（Frederic Bazille）是印象派早期的主要畫家之一，不幸的是，他在1870年普法戰爭中陣亡，年僅27歲。這幅畫是畫家的自畫像。

杜伊勒利宮被戰火摧毀

  在1871年的戰爭中，法國的杜伊勒利宮被戰火無情地摧毀了。畫家忠實地重現了杜伊勒利宮被毀後的殘垣斷壁，彷彿在向觀者訴說著那血雨腥風的激戰場面。

巴黎公社

　　1870年，法國在與普魯士的戰爭中慘敗，巴黎人民發動起義，推翻第二帝國的統治，建立了共和國，即法蘭西第三共和國。資產階級組織了國防政府，後來又成立了以資產階級政客梯也爾（Louis Adolphe Thiers）為首的臨時政府。資產階級一方面對逼近巴黎的普軍屈膝投降，另一方面則準備解除巴黎人民的武裝。

　　1871年春，巴黎人民武裝占領了巴黎，成立巴黎公社；臨時政府遷往凡爾賽。1871年2月，臨時政府與德國草簽割地賠款條約；不久，派軍隊準備占領巴黎的戰略要地。3月18日凌晨，政府軍在企圖奪取市內的蒙馬特高地和梭蒙高地時被人發現。巴黎人民奮起反擊，反動政府狼狽逃出巴黎。

　　巴黎公社採取了一系列的革命措施。在政權建設方面，廢除舊軍隊、舊員警，取消資產階級的法庭和議會，代之以國民自衛軍，並建立工人階級自己的治安、司法和立法機構；規定公職人員由民主選舉產生，人民有權監督和罷免。在社會經濟方面，沒收逃亡資本家的工廠，交由工人合作社管理；監督鐵路運輸和軍需生產等。臨時政府重新集結力量，向巴黎公社發動進攻，巴黎人民進行了英勇抵抗。5月底，巴黎公社終因寡不敵眾，被扼殺在血泊之中。

俄土戰爭

　　1877年4月至隔年1月31日的俄土戰爭中，土耳其軍隊損失殆盡，被迫接受俄國吞併土耳其大部分領土的和約，與俄軍停火。隨著前線戰事的進展，大批俄國新兵被送往前線。俄國現實主義畫家薩維茨基（Konstantin Savitsky）如實地描繪了這生離死別的一幕。

攝影術的發明

　　1829年起，法國巴黎舞臺美術師達蓋爾（Louis Daguerre）開始與尼埃普斯（Joseph Niepce）合作，共同研究攝影術。1837年，達蓋爾終於發明了完善的「銀版攝影法」。1839年，法國政府買下了這一項發明的專利權，並於8月19日正式公布了銀版攝影法的詳細內容，達蓋爾本人並發表一本79頁的說明書。從此攝影術公諸於世，1839年8月19日被定為攝影術誕生日。銀版法被視為是世界上第一個具有實用價值的照相方法，人類由此揭開了再現真實世界的新篇章。

英祖戰爭

　　19世紀初，南非班圖族的分支祖魯人成立的國家，受到英國殖民者的圍攻。英國殖民當局向祖魯國王提出最後通牒，要求他允許士兵結婚，藉以破壞祖魯人的社會軍事結構。英國遭拒絕後，在1879年1月調兵進攻祖魯。祖魯軍在一次戰役中打死英軍1600餘人，沉重地打擊了白人殖民者。

* 1880年，南非波爾人（Boer）舉行反英起義。1880～1881年，發生第一次波爾戰爭。5月，英法殖民者進攻並占領埃及。
* 1881年，亞歷山大二世遇刺身亡，亞歷山大三世即位。法國入侵突尼斯。德國與奧、俄結成第二次「三皇同盟」。羅馬尼亞王國宣告成立。
* 1882年，塞爾維亞王國成立。愛爾蘭恐怖集團殺死英國愛爾蘭事務大臣。德意志殖民協會建立。

法國鎮壓阿爾及利亞人民起義

　　1830年，法國大舉進軍阿爾及利亞，阿爾及利亞人民陷入絕境。1871年，在宗教首領穆罕默德‧毛克拉尼（Muhammad al-Muqrani）帶領下，大規模的反法起義爆發了，起義軍幾乎控制了阿爾及利亞東部。後來，法軍在結束普法戰爭後，向該地區增兵，力量對比因而產生變化。次年，起義失敗。

英國和阿富汗的戰爭

　　阿富汗是南亞與中亞和西亞的交通要衝，歷來是兵家必爭之地。英國殖民者為與沙俄爭奪對中亞地區的控制權，從19世紀中葉到20世紀初，長達半個多世紀，連續對阿富汗發動了三次侵略戰爭。最後在1921年11月22日，英阿簽訂和約，英國承認阿富汗獨立。至此，阿富汗人民抗英戰爭取得了徹底勝利。在這次戰爭中，世界上最強大的殖民帝國居然一次又一次地被一個弱小落後的國家所擊敗，在世界歷史上實屬罕見。

英國維多利亞女王

　　她是英國歷史上著名的女王，1838年6月加冕，直到1901年去世。在她統治期間，英國工業空前發展起來，科學、文學、藝術都有了嶄新的內容，所以被稱為「維多利亞時代」，為英國人所懷念。但是，她在位期間多次發動對外戰爭，為中國和其他國家人民帶來深重災難。

* 1883年，法國占領越南順化，強迫越南與之簽訂《順化條約》。羅馬尼亞與奧匈帝國訂立反俄祕密條約。美國占領珍珠港作為海軍基地。
* 1884年，越南與法國簽訂第二次順化條約，越南淪為法國的殖民地。美加工會聯合代表大會舉行總罷工，爭取8小時工作制。塞爾維亞對保加利亞宣戰。
* 1885年，印度建立國民大會黨。1月25日，穆罕默德領導蘇丹人民起義軍在喀土穆（Khartoum）之戰中擊敗英軍，掌握蘇丹政權。

法國全國美術家協會成立

　　沙龍最早是由法國國王路易十四，在1667年舉辦的法國皇家繪畫雕塑學院院士的作品展覽。1748年，一個皇家評審委員會成立了，只有被他們認可的作品才能進入沙龍展；1881年，法國全國美術家協會成立，從此，法國沙龍從原來由國家主辦，轉變為由美術家協會主辦。然而，在隨後的日子裡，由於各種現代派的興起，沙龍的影響每況日下。

↑圖為評審委員會正在審查參展作品，只有被他們認可的作品才能參加沙龍展出。

汽車的發明

　　1883年，德國人戴姆勒（Gottlieb Daimler）和邁巴奇（Wilhelm Maybach）合作成功地研製了高速內燃機，為機動車輛提供了重要的動力系統。1885年，他們發明了四行程汽油發動機。同年，另一個人卡爾·賓士（Carl Benz）則研製出了單缸汽油發動機的汽車。

美國芝加哥工人大罷工

　　19世紀80年代，美國無產階級為爭取8小時工作制度，展開了一系列有組織、有領導的罷工。1886年5月1日，芝加哥工人舉行了聲勢浩大的大罷工，隨後遭到當局殘酷鎮壓。為紀念這次罷工，後來5月1日被定為國際勞動節。

工業革命促使鋼鐵冶煉法發展

　　18世紀中葉，英國的工業革命迫使人們對鋼鐵冶煉技術進行改革。1855年英國軍事工程師亨利‧貝塞麥（Henry Bessemer），以轉爐煉鋼法僅用10分鐘就煉出了一爐鋼，轟動了歐洲。1879年，一種更先進的煉鋼方法——平爐煉鋼法，由英國冶金學家西德尼‧湯瑪斯（Sydney Thomas）所發明。

↑鋼鐵冶煉法發展大幅地改變了歐洲的面貌。圖為不斷被建造出來的鋼鐵建築物。

- ✳ 1885年至1886年第三次英緬戰爭爆發,緬甸失敗,淪為英國殖民地。
- ✳ 1886年,美國紐約、芝加哥35萬工人大罷工,爭取8小時工作制。德國人發明汽車。俄國頒布農業勞動法,嚴禁農民雇工隨意離開土地。
- ✳ 1887年,德國宰相俾斯麥發表反法演說。英國與奧匈帝國、義大利締結《地中海協約》。
- ✳ 1888年,德、義簽訂軍事協定。義大利入侵索馬利亞。
- ✳ 1889年,日本公布憲法。巴黎建成艾菲爾鐵塔。萬國博覽會在巴黎舉行。
- ✳ 1890年,英、法兩國締結關於劃分殖民地的條約。
- ✳ 1891年,法、俄外交部達成互相援助條約。德與奧、義、俄、比等國簽訂貿易協定。德建立泛德意志協會。俄開始興建西伯利亞大鐵路。

學院派繪畫的終結

　　1905年時,學院派繪畫最後的代表人物布格羅(Adolphe William Bouguereau)去世了,他的去世代表著一個時代的終結,現代派繪畫開始主宰畫壇。布格羅生前曾獲得極高榮譽,死後卻被貶得一文不值。這幅畫是布格羅的代表作《水仙與蟒》,蟒是希臘神話中一種人身羊腿的神。

美國的鐵路發展

　　1869年，一條鐵路將內布拉斯加州和加利福尼亞州聯繫起來，刺激了美國西北部經濟的發展，不但減少農產品的運輸費用，也加快了運輸速度。

美國開展「西進運動」

　　19世紀中後期，美國政府號召美國公民大規模向廣袤的西部地區遷徙、開發。根據法令，凡年滿21歲的美國公民，只要交付10美元的手續費，即可在西部公有土地中獲得64.75公頃土地。在此土地上居住或者耕種滿5年者，即成為該地的主人，並且發給執照和證書。這大大地刺激了美國人向西部移民，原來荒涼落後的美國西部也因此快速發展起來。

- 1892年，法、俄兩國總參謀部締結軍事專約，法俄同盟正式形成。西班牙侵入摩洛哥。
- 1893年，美軍開始併吞夏威夷群島。義大利銀行成立。法國占領寮國。
- 1894年，朝鮮發生東學黨起義，日本趁機出兵占領朝鮮。俄國末代沙皇尼古拉二世即位。
- 1895年，法國發明電影攝影術和放映機。法國確立對馬達加斯加的統治。義大利和衣索比亞的戰爭爆發。

英國作家羅斯金

約翰·羅斯金（John Ruskin）是19世紀下半葉的英國作家、評論家和藝術家，對維多利亞時代公眾的審美觀點產生了重大影響。

華格納的音樂會

1876年8月，在巴伐利亞國王新建造的歌劇院舉行了音樂盛會，連續3天上演著名的德國作曲家華格納的歌劇《尼貝龍根的指環》。德意志皇帝、巴西皇帝以及巴伐利亞國王在內的4000名觀眾，都觀看了這一場盛會。兩名來自美國的記者，還透過新建成、可橫跨大西洋的電報進行了新聞報導。

哈布斯堡王朝的沒落

1278年，魯道夫·哈布斯堡登上神聖羅馬帝國皇帝的寶座，同時登上德意志國王王位，從此開始了持續將近800年哈布斯堡家族的統治。在之後的大部分時間裡，哈布斯堡家族牢牢控制著西班牙、奧地利和義大利的王位，在其他歐洲國家的最高權力層，也隨處可以看到這個家族成員的身影。1805年，在拿破崙大軍的橫掃下，「既不神聖也不羅馬」的神聖羅馬帝國土崩瓦解，哈布斯堡家族的統治僅限於奧地利。

1848年，佛蘭西斯·約瑟夫（Francis Joseph I）即位時，哈布斯堡王朝已搖搖欲墜。佛蘭西斯在奧地利的統治長達68年，他認識到帝國積弊太深而不得不進行改革。但是歐洲其他國家的興起，使他不走運地在一系列對外戰爭中連連敗北，哈布斯堡的威望降到谷底。奧地利國內的民族獨立呼聲愈演愈烈，他費盡心力，也才勉強得以維持統一。第一次世界大戰的爆發，奧地利捲入戰火之中。戰後，哈布斯堡也隨戰火的散盡而灰飛煙滅。

→佛蘭西斯·約瑟夫就是大家熟知的西西公主的丈夫。

* 1896年，德皇威廉二世致電特蘭斯瓦（Transvaal）總統，祝賀其抗英取得勝利。英德矛盾日益
  尖銳。法國正式併吞馬達加斯加。義大利與衣索比亞簽訂《阿迪斯阿貝巴條約》（Treaty of Addis
  Ababa），承認衣索比亞獨立。義大利馬可尼（Marchese G. Marconi）發明無線電。俄國沙皇尼
  古拉二世出訪英、法、德奧等國。雅典舉行第一次國際奧林匹克運動會。
* 1897年，希臘和土耳其的戰爭爆發。朝鮮改國號為韓國。
* 1898年，美國和西班牙為爭奪菲律賓，在馬尼拉灣內發生海戰。美國殲滅西班牙艦隊，占領馬
  尼拉。6月，美軍遠征古巴。古巴從西班牙的殖民統治下獨立，美國獲得波多黎各。10月，英國
  和波爾人的戰爭爆發。英、法達成劃分西非屬地的協定。英法兩國發生法紹達衝突（the Fashoda
  incident）。居禮夫婦研究發現放射性元素鐳。美國國會決議合併夏威夷群島。

大文豪托爾斯泰

　　他是19世紀俄國偉大的批判現實主
義文學家，長期探索俄國貴族階級的歷
史作用和生活地位問題；晚年，他逐漸
轉向對宗教的思考。托爾斯泰的小說具
有強烈的藝術感染力和深沉的歷史感，
在世界小說史上占有巔峰地位。其代表
作包括《戰爭與和平》、《安娜‧卡列
尼娜》和《復活》等。

義大利音樂大師威爾第

　　他是19世紀後半葉義大利的音樂大師，
也是一位民族英雄，是1861年義大利統一運
動的領導者之一。他汲取了文藝復興運動的精
神，並將其融入所創作的音樂中，創作了《弄
臣》、《行吟詩人》、《茶花女》、《阿伊
達》、《奧賽羅》、《法爾斯塔夫》等歌劇。
這些作品鼓勵了他的同胞。

美西戰爭

　　1898年，美國為了奪取古巴、波多黎各和菲律賓等殖民地，對西班牙發動了一場戰爭。儘管美西衝突主要由古巴問題引起，然而戰爭烽煙卻首先在菲律賓的馬尼拉灣升起。5月1日，西班牙艦隊在馬尼拉灣全軍覆沒。7月3日，美軍又在聖地牙哥港殲滅駐古巴的西班牙艦隊。不久，美軍又占領波多黎各及馬尼拉市。西班牙自知敗局已定，請求法國出面調停。8月12日，美國停戰；10月1日召開巴黎和會。在沒有古巴和菲律賓代表參加的情況下，12月10日美西簽署和約：西班牙放棄對古巴的主權和所有的一切要求，由美國占領該島；西班牙將波多黎各和關島讓給美國；在美國交付2000萬美元後，菲律賓群島也讓給美國。

* 1899年，美國併吞威克群島（Wake Island）。英國與埃及締結共管蘇丹協定。西班牙將加羅林群島（Caroline Islands）出售給德國。英國和法國締結條約，劃分了兩國在東非和中非的勢力範圍。美國正式管制古巴。美軍為了實行對菲律賓的殖民統治挑起了美菲戰爭。
* 1899年到1902年，第二次南非戰爭（波爾戰爭）。

電燈的發明

　　美國發明家愛迪生，在1879年發明了以炭化棉絲為燈絲的電燈，這盞燈能持續照明40小時。但是愛迪生並不滿足，又試用了包括鬍鬚在內的各種材料，最後使用了碳竹絲做燈絲，獲得了理想的效果，它能連續不斷地照明1200小時。

↑圖為古巴聖胡安山戰役戰場一角。

聖胡安山的白刃戰

　　1898年6月29日，美軍抵達古巴的關塔那摩（Guantanamo）郊外。7月1日，向城東制高點埃爾卡內（El Caney）和聖胡安山（San Juan Hill）發起猛攻。希歐多爾‧羅斯福（Theodore Roosevelt）指揮的義勇軍驍勇善戰，經激烈的白刃戰後攻占了聖胡安山，隨後埃爾卡內也被攻占。西軍於7月2日至3日展開反攻，雙方展開拉鋸戰，美軍最後擊退了西軍的反撲。美軍傷亡達1700人。

美西戰爭結束

　　1898年12月10日，美西兩國簽訂了《巴黎和約》，戰爭以美國的勝利而告終，並得到了菲律賓、波多黎各和關島，古巴則成為美國的「保護國」。畫面左邊的人為美國總統麥金萊（William McKinley）。三年後在布法羅（Buffalo）的泛美博覽會上，他遇刺身亡，成了50年內第三位遇刺身亡的美國總統。

* 1900年，德國帝國議會通過第二次擴建海軍方案。義大利與法國締約，互不干涉對方在非洲的
行動自由。英國合併南非共和國。9月，英國吞併波爾人占據的特蘭斯瓦共和國和奧蘭治自由邦
，取得英波戰爭第二階段的勝利。
* 1901年，澳大利亞共和國正式成立。俄國社會革命黨成立。
* 1902年，英國與日本締結攻守同盟。
* 1903年，英王愛德華七世訪問法國。美國獲得修建與經營巴拿馬運河的特權。萊特兄弟發明飛
機。

19世紀的歐洲農業

    19世紀中後期，隨著工業革命取得的偉大成就，各式各樣的
農業機械在歐洲已經普遍使用。但是，歐洲的傳統農業大國，如
法國，還保留著大量的人力勞動。這幅畫表現的就是19世紀中期
的法國農民，在幫助雇主收割完莊稼後等待付酬的情景。

世界第一次無線電傳輸

1901年12月12日，在英國的一座海岸發射站中，電子工程師弗萊明（Ambrose Fleming）使用自己設計的無線電傳輸器敲擊出字母「S」的電碼，幾乎同一時間，遠在3000公里之外，紐芬蘭島（Newfoundland）的一座接收站裡，物理學家馬可尼收到了同樣的信號。無線電報時代自此開始了。

俄國國民樂派

在19世紀中葉，東歐、北歐和俄羅斯的許多音樂家，創作了一大批表現民族國民性格、願望和生活的優秀音樂作品，建立了一個獨立的音樂派別——國民樂派。在俄羅斯，創始人葛令卡（Mikhail Glinka），以及巴拉基列夫（Mily Balakirev）、林姆斯基－高沙可夫（Nikolay Rimsky-Korsakov）、穆索爾斯基（Modest Mussorgsky）、鮑羅廷（Aleksandr P. Borodin）和庫宜（Cesar Cui）所組成的「俄國五人組」，是這個樂派的代表人物。他們創作或表達的音樂語言，無不滲透著俄羅斯民族的精華。

←圖為國民樂派的代表人物林姆斯基－高沙可夫。

→* 1904年，日俄戰爭爆發。日本強迫朝鮮簽訂《日韓合併書》。巴拿馬政府將運河區劃分給美國。
→* 1905年，俄國彼得堡工人到冬宮請願，遭到血腥鎮壓。2月，日俄兩軍在奉天會戰，日軍險勝俄軍。5月27日，日俄雙方在對馬海峽激戰，俄軍投降。德皇威廉二世發表反法演說，引起第一次摩洛哥危機。俄國彼得堡工人代表蘇維埃成立。愛因斯坦發表《相對論》。

創始疫苗接種法的巴斯德

　　巴斯德（Louis Pasteur）是19世紀法國著名的化學家和微生物學家。他證明了發酵和傳染病是微生物引起的；創始並首先應用了疫苗接種法預防狂犬病、炭疽、雞霍亂；他還曾挽救過法、英等國的養蠶業、啤酒和釀酒業；開創了立體化學，發明巴氏消毒法。他對人類的健康事業具有重大貢獻。

萊特兄弟發明飛機

　　1903年，鼎鼎大名的福特公司成立；同時，橫穿美洲大陸的汽車旅行也順利完成。這一年的交通領域註定要演變成為汽車獨霸的舞臺，如果萊特兄弟當年沒有發明出飛機的話。這一年的12月17日，自學成材的萊特兄弟在美國北卡羅來納的海灘，駕駛著自己發明製作的飛機，飛行了約850英呎，雖然離開地面的時間僅僅是短短的1分鐘，但卻實現了人類千年的飛翔之夢。

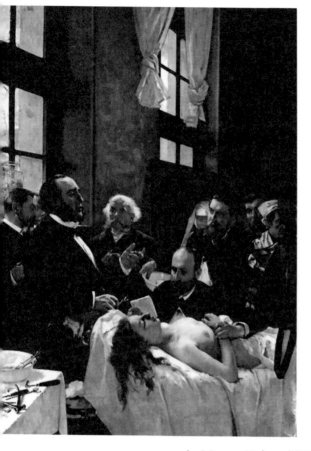

醫學和生理科學大躍進

18世紀中期起，醫學在歐洲取得了重大的進步。18世紀末發生了一件預防醫學上的大事，就是英國人金納（Edward Jenner）在中國的人痘接種法啟示下，研究出牛痘接種法，拯救了千千萬萬人的生命。

19世紀中葉，法國人巴斯德發表了細菌學研究成果，英國人利斯特（Joseph Lister）受到啟發，著手研究手術抗感染問題，他在石炭酸噴霧的情況下，為一老人摘除上臂腫物，老人順利康復，他的抗菌方法因此聲名遠揚。19世紀末，細菌學家研製出一些疫苗，如狂犬疫苗、白喉和破傷風抗毒素、百日咳疫苗等，解決了一些感染性疾病的防治問題。

此外，在法國馬根迪（Fran-cois Magendie）、貝爾納（Claude Bernard）和德國穆勒（Johannes Muller）等人的努力下，生理科學在19世紀也取得很大的進展。特別是貝氏提出內環境概念，指出生物體內各臟器都活動於同一個內環境（細胞外液）中，內環境的穩定與否決定了各臟器能否發揮其正常功能。他還在1865年出版的《實驗醫學研究導論》一書中，闡述了醫學研究中的對照實驗研究方法，這對後世學者產生很大的影響。19世紀有機化學的發展也為隨後的生物化學打下基礎。

日俄戰爭

　　1904年到1905年，日本和沙俄為重新瓜分中國東北和朝鮮而進行的帝國主義戰爭。甲午戰爭後，日本從中國割取遼東半島、臺灣和澎湖。俄國為實現其獨吞中國東北的計畫，聯合法、德進行干預，迫使日本讓步，由中國「贖回」遼東半島。日本決意擴軍備戰，以武力與俄國爭奪遠東霸權。1904年2月6日，日本斷絕與俄國的外交關係。2月8日夜裡，日本聯合艦隊偷襲了停泊在中國旅順港內的俄國太平洋分艦隊。9日，日巡洋艦隊襲擊停泊在朝鮮仁川的俄艦。10日，兩國宣戰，日俄戰爭正式爆發。最令中國人感到憤慨的是，這場戰爭竟在中國國土上進行。

　　對馬海戰的結束，宣告了俄國在日俄戰爭中的失敗，俄國勢力從此退居中國東北北部。日俄戰爭的失敗引起俄國各族人民的憤怒，加速了俄國第一次資產階級民主革命的爆發，最後導致沙皇專制制度土崩瓦解。

俄國沙皇尼古拉二世

尼古拉二世是俄國末代沙皇，在其統治期間，俄國在日俄戰爭和第一次世界大戰中接連失利，他本人於1918年被處決。

←圖為俄國著名肖像畫家謝洛夫（Valentin Serov）為這位末代沙皇所作的肖像。

波爾戰爭

1902年5月31日，經過3年的戰爭之後，波爾人被迫與英國人簽訂和約，承認特蘭斯瓦共和國和奧蘭治自由邦併入英國，波爾戰爭結束。戰爭之後，南非的大量黃金和鑽石便成了英國的囊中之物。

→圖為波爾戰爭中，一位婦女正思念著在前線作戰的親人。

─※ 1908年，保加利亞脫離土耳其獨立，但是受到俄國控制。第一次巴爾幹戰爭爆發。土耳其戰敗，
幾乎喪失了在歐洲的全部領土。奧匈帝國吞併波士尼亞和赫塞哥維納，波士尼亞危機開始。美、
日簽訂協定，維持太平洋現狀。

─※ 1909年，美國芝加哥女工為爭取自由平等舉行大罷工和遊行示威。日本伊藤博文被朝鮮義士刺
死。甘地寫成《印度自治》一書。德、法簽訂《卡薩布蘭加協定》，解決摩洛哥問題。

蘇俄革命作家高爾基

高爾基（Maksim Gorky）是俄國和蘇聯偉大的現實主義作家。他出身貧苦，青少年時代在貧窮中度過。蘇聯成立初期，他與俄國偉大作家托爾斯泰和契訶夫齊名。他對生活細緻入微的觀察力，塑造人物的非凡能力，以及其他作家不可比擬的下層生活經驗，是他享有盛譽的關鍵因素。他的代表作有《童年》、《我的大學》、《在人間》和《母親》等。

佛洛伊德《夢的解析》發表

1899到1900年，奧地利著名心理學家佛洛伊德，發表了他在精神分析領域最重要的研究成果《夢的解析》。在書中，他詳盡地闡述了關於夢的獨特分析，認為夢是「認識潛意識的重要途徑」。這引起了一場跨世紀的軒然大波。圖為超現實主義畫家達利（Salvador Dali）筆下的夢境。

流血星期日

　　1905年1月22日，還在霧茫茫的早晨，聖彼得堡街頭就聚集著熙熙攘攘的人群。他們身著節日盛裝，精神煥發。大約20萬人，按照神父加邦（Gregory Gapon）的計畫在9個點列隊站立，然後跟著三色旗、聖像、沙皇肖像的後面，唱著禱歌，向冬宮行進。他們向沙皇呈遞的請願書陳述了人民的經濟、政治要求，包括實行8小時工作制、將土地轉交人民、實行大赦、各種政治自由和選舉立憲會議。但是軍警突然向手無寸鐵的工人開槍射擊，鮮血染紅了積雪的廣場，死傷達4600多人。這就是有名的「流血星期日」。以「流血星期日」為標誌的俄國革命開始了。

─ ✷ 1910年，法國聯合4個殖民地，建法屬赤道非洲。《日韓合併條約》簽訂，日本正式吞併朝鮮
。俄國沙皇訪問柏林，與德皇威廉二世簽訂《波茨坦協定》。俄國著名作家托爾斯泰去世。

─ ✷ 1911年，德國派軍艦「豹號」到達阿加迪爾（Agadir），以抗議法軍占領非洲，引起第二次摩
洛哥危機。8月2日，德軍入侵盧森堡。8月3日，德軍占領比利時。德國與法國達成協議，德國
放棄插足摩洛哥。義大利和土耳其戰爭爆發。

《第四等級》

　　100年前的法國大革命，證明了「第三等級」中產階級的崛起，推翻了貴族與神職人員的特權，導致歐洲君主制度的崩潰。19世紀末，大批的農業人口進入城市，成為國家所謂的「第四等級」——工人階級，似乎寓意著資本主義的滅亡。各國無產者在「全世界無產者團結起來」的口號之下，形成龐大的「無產階級」群體。

　　《第四等級》這幅帶有寓意色彩的油畫，是義大利畫家喬塞普·佩里察（Giuseppe Pellizza da Volpedo）歷經10年的反覆實驗與修改才完成的。畫家本人在創作這幅畫前閱讀了大量馬克思和恩格斯的著作，作品在1901年完成最終一稿。

第一次巴爾幹戰爭

　　1912年，保加利亞、塞爾維亞、希臘和蒙特內哥羅所組成的「巴爾幹同盟」，發動了反對土耳其控制和壓迫的戰爭。同年11月，由於盟軍在一次戰役中取勝，阿爾巴尼亞宣布獨立。在歐洲各大國的壓力下，12月，土耳其與保加利亞、塞爾維亞簽訂了停戰協定。1913年1月23日，土耳其發生政變，新政府拒不接受和約條件。2月3日，巴爾幹聯盟各國重新開戰。4月，雙方簽訂第二次停戰協定。第一次巴爾幹戰爭以1913年5月簽訂《倫敦和約》而告終。根據這項條約，土耳其喪失了它在歐洲幾乎全部的領土，巴爾幹各國人民擺脫土耳其壓迫的願望得以實現。

↓這幅作品表現了巴爾幹青年告別親人奔赴前線的情景。

立體派的誕生

　　法國畫家畢卡索（Pablo Picasso），在1906年創作的這幅油畫《亞威農的姑娘》，象徵著立體派的誕生，同時也是繪畫藝術的革命性轉捩點。美的繪畫原則被徹底否定，任何寫實的影子都不存在。這幅畫的內容無非在表現一群妓女招攬顧客的形象，不但是受到現代藝術之父塞尚的《浴女們》啟發，同時也借鑑非洲藝術。立體派的代表人物是畢卡索和布拉克（Georges Braque），他們按照科學的試驗方法發展立體主義，把物體分解成幾何形的輪廓與形狀，直至直觀的形象消失，達到完全抽象化的邊緣。立體派是第一個現代繪畫流派，它的誕生代表著現代繪畫藝術的開始。

列寧

　　俄國第一次革命失敗之後，1908年列寧（Vladimir Ilich Lenin）撰寫了《唯物主義與經驗批判主義》一書，批判哲學上的馬赫主義（Machism）及其在俄國的變種。在此之前的1902年，列寧寫了《怎麼辦》一書，在革命者中引起轟動，很多革命者因此行動起來，聚集在他的周圍。

←圖為列寧在日內瓦圖書館撰寫《唯物主義與經驗批判主義》一書時的情景。

俄國著名生理學家巴甫洛夫

　　巴甫洛夫（Ivan Petrovich Pavlov）是20世紀初俄國著名的生理學家，他因以狗進食為實驗物件，研究出神經的條件反射活動，而獲得1904年的諾貝爾獎。

→ * 1913年,第二次巴爾幹戰爭爆發。

→ * 1914年,奧國皇儲斐迪南(Francis Ferdinand)大公在塞拉耶佛被刺身亡,成為第一次世界大戰的導火線。

第二次巴爾幹戰爭爆發

第一次巴爾幹戰爭結束後,原同盟國之間的矛盾也激化了。1913年6月至8月,保加利亞與塞爾維亞、希臘、羅馬尼亞、蒙特內哥羅和土耳其,進行了第二次巴爾幹戰爭。在奧德同盟的唆使下,保加利亞於6月29日夜間,對馬其頓的塞爾維亞軍隊與希臘軍隊採取軍事行動,塞軍反擊,保軍被迫撤退。7月10日,羅馬尼亞對保加利亞開戰。21日,土耳其撕毀1913年的《倫敦和約》,對保軍開戰。保加利亞在全面潰敗的威脅下,於29日宣告投降。

根據1913年《布加勒斯特和約》(Treaty of Bucharest),保加利亞不僅失去已收回的大部分領土,而且喪失了多布羅加(Dobrudja)的南部。1913年保、土簽訂的《君士坦丁堡和約》,又迫使保加利亞將埃迪爾內歸還土耳其。第二次巴爾幹戰爭的結果,是巴爾幹半島的力量重新改組:羅馬尼亞脫離1882年三國同盟,而與協約國靠近,保加利亞則加入德奧同盟。土耳其因失去許多領土而大大削弱了國力。南斯拉夫的塞爾維亞王國像扎進奧地利身邊的一根刺,幾乎把領土擴大了一倍,1913年夏季,奧地利祕密地向盟國建議採取一些措施來抑制塞爾維亞。可是,德國和義大利拒絕採取行動。

巴爾幹各國在戰後矛盾也進一步加深,導致國際矛盾的進一步激化,為帝國主義大國繼續干涉和控制巴爾幹提供了可乘之機,也為第一次世界大戰埋下了導火線。

↑圖為一位休息的阿爾巴尼亞哨兵,所戴的帽子證明他是一名穆斯林。歐洲穆斯林與基督徒的宗教衝突與民族矛盾,使巴爾幹地區成為名符其實的歐洲火藥庫。